10
YEARS
10
LINES
JOURNAL

NAME

MOBILE

E-MAIL

ADDRESS

1 2 3 4 5 6 7 8 9 10
11 12 13 14 15 16 17 18 19 20
21 22 23 24 25 26 27 28 29 30
31 JAN FEB MAR APR MAY JUN JUL AUG SEP OCT NOV DEC

20

20

20

20

20

오라, 오 인생이여!
-제임스 조이스

20

20

20

20

20

1 2 3 4 5 6 7 8 9 10
11 12 13 14 15 16 17 18 19 20
21 22 23 24 25 26 27 28 29 30
31 JAN FEB MAR APR MAY JUN JUL AUG SEP OCT NOV DEC

20

20

20

20

20

나는 내 운명의 주인이며 내 영혼의 선장이다.
- 윌리엄 어니스트 헨리

20

20

20

20

20

1 2 3 4 5 6 7 8 9 10
11 12 13 14 15 16 17 18 19 20
21 22 23 24 25 26 27 28 29 30
31 JAN FEB MAR APR MAY JUN JUL AUG SEP OCT NOV DEC

20

20

20

20

20

나는 어제로 돌아갈 수 없어.
왜냐하면 나는 그때와 다른 사람이니까.

−루이스 캐럴

20

20

20

20

20

1 2 3 4 5 6 7 8 9 10
11 12 13 14 15 16 17 18 19 20
21 22 23 24 25 26 27 28 29 30
31 JAN FEB MAR APR MAY JUN JUL AUG SEP OCT NOV DEC

20

20

20

20

20

나는 아무것도 아니기 때문에
모든 것이 되는 상상을 할 수 있다.
- 페르난두 페소아

20

20

20

20

20

1 2 3 4 5 6 7 8 9 10
11 12 13 14 15 16 17 18 19 20
21 22 23 24 25 26 27 28 29 30
31 JAN FEB MAR APR MAY JUN JUL AUG SEP OCT NOV DEC

20

20

20

20

20

자신을 사랑하는 것은 평생에 걸친 로맨스의 시작이다.
— 오스카 와일드

20

20

20

20

20

1 2 3 4 5 6 7 8 9 10
11 12 13 14 15 16 17 18 19 20
21 22 23 24 25 26 27 28 29 30
31 JAN FEB MAR APR MAY JUN JUL AUG SEP OCT NOV DEC

20

20

20

20

20

영원히 지속되는 불행은 없다.
참고 견디거나 용기를 내거나, 둘 중 하나를 선택할 테니까.

— 로맹 롤랑

20

20

20

20

20

1 2 3 4 5 6 7 8 9 10
11 12 13 14 15 16 17 18 19 20
21 22 23 24 25 26 27 28 29 30
31 JAN FEB MAR APR MAY JUN JUL AUG SEP OCT NOV DEC

20

20

20

20

20

이룰 수 없는 꿈을 꾸고, 이루지 못할 사랑을 하고,
이길 수 없는 적과 싸우고,
견디기 힘든 고통을 즐기며 잡을 수 없는 별을 따자.

−미겔 데 세르반테스 사아베드라

20

20

20

20

20

1 2 3 4 5 6 7 8 9 10
11 12 13 14 15 16 17 18 19 20
21 22 23 24 25 26 27 28 29 30
31 JAN FEB MAR APR MAY JUN JUL AUG SEP OCT NOV DEC

20

20

20

20

20

세상은 아름다운 책이지만
읽지 않는 사람에게는 별 도움이 안 된다.

－카를로 오스발도 골도니

20

20

20

20

20

1 2 3 4 5 6 7 8 9 **10**
11 12 13 14 15 16 17 18 19 20
21 22 23 24 25 26 27 28 29 30
31 JAN FEB MAR APR MAY JUN JUL AUG SEP OCT NOV DEC

20

20

20

20

20

자기 자신 속에 시가 담겨 있지 않다면
어느 곳에서도 시를 찾을 수 없다.

- 조제프 주베르

20

20

20

20

20

1	2	3	4	5	6	7	8	9	10
11	12	13	14	15	16	17	18	19	20
21	22	23	24	25	26	27	28	29	30

31 JAN FEB MAR APR MAY JUN JUL AUG SEP OCT NOV DEC

20

20

20

20

20

사소한 것이 우리를 위로한다.
사소한 것이 우리를 괴롭히기 때문이다.

-블레즈 파스칼

20

20

20

20

20

1 2 3 4 5 6 7 8 9 10
11 12 13 14 15 16 17 18 19 20
21 22 23 24 25 26 27 28 29 30
31 JAN FEB MAR APR MAY JUN JUL AUG SEP OCT NOV DEC

20

20

20

20

20

마음에는 자신만의 공간이 있어서
그곳을 지옥에서 천국으로도,
천국에서 지옥으로도 만들 수 있다.

−존 밀턴

20

20

20

20

20

1 2 3 4 5 6 7 8 9 10
11 12 13 14 15 16 17 18 19 20
21 22 23 24 25 26 27 28 29 30
31 JAN FEB MAR APR MAY JUN JUL AUG SEP OCT NOV DEC

20

20

20

20

20

건강은 아침을 얼마나 사랑하느냐에 따라 달라진다.

– 헨리 데이비드 소로

20

20

20

20

20

1 2 3 4 5 6 7 8 9 10
11 12 13 14 15 16 17 18 19 20
21 22 23 24 25 26 27 28 29 30
31 JAN FEB MAR APR MAY JUN JUL AUG SEP OCT NOV DEC

20

20

20

20

20

서두를 필요는 없어. 반짝일 필요도 없어.
자기 자신 외에는 아무도 될 필요가 없어.

— 버지니아 울프

20

20

20

20

20

1	2	3	4	5	6	7	8	9	10
11	12	13	14	15	16	17	18	19	20
21	22	23	24	25	26	27	28	29	30

31 JAN FEB MAR APR MAY JUN JUL AUG SEP OCT NOV DEC

20

20

20

20

20

인간은 노력하는 한 방황하는 법이지.

−요한 볼프강 폰 괴테

20

20

20

20

20

1	2	3	4	5	6	7	8	9	10
11	12	13	14	15	16	17	18	19	20
21	22	23	24	25	26	27	28	29	30

31 JAN FEB MAR APR MAY JUN JUL AUG SEP OCT NOV DEC

20

20

20

20

20

별들의 비밀을 밝혀낸 사람, 미지의 땅을 향해 배를 저어간 사람,
인간의 영혼에 새로운 낙원을 연 사람 가운데
비관주의자는 단 한 명도 없었다.

－헬렌 켈러

20

20

20

20

20

1 2 3 4 5 6 7 8 9 10
11 12 13 14 15 16 17 18 19 20
21 22 23 24 25 26 27 28 29 30
31 JAN FEB MAR APR MAY JUN JUL AUG SEP OCT NOV DEC

20

20

20

20

20

새로운 삶을 시작하려면 이전 삶에 종언을 고해야 한다.
－아나톨 프랑스

20

20

20

20

20

1 2 3 4 5 6 7 8 9 10
11 12 13 14 15 16 17 18 19 20
21 22 23 24 25 26 27 28 29 30
31 JAN FEB MAR APR MAY JUN JUL AUG SEP OCT NOV DEC

20

20

20

20

20

마음속에 혼돈을 지니고 있어야 춤추는 별을 만들어낼 수 있다.
- 프리드리히 빌헬름 니체

20

20

20

20

20

1 2 3 4 5 6 7 8 9 10
11 12 13 14 15 16 17 18 19 20
21 22 23 24 25 26 27 28 29 30
31 JAN FEB MAR APR MAY JUN JUL AUG SEP OCT NOV DEC

20

20

20

20

20

하고 싶은 일을 할 수 없는 이유는 수천 가지이지만,
정작 필요한 것은 그 일을 할 수 있는 단 한 가지 이유뿐이다.

−윌리스 휘트니

20

20

20

20

20

1	2	3	4	5	6	7	8	9	10
11	12	13	14	15	16	17	18	19	20
21	22	23	24	25	26	27	28	29	30
31									

JAN FEB MAR APR MAY JUN JUL AUG SEP OCT NOV DEC

20

20

20

20

20

인생에서 너무 늦거나 빠른 일은 없다.
꿈을 이루는 데 시간제한 따위도 없다.
지금처럼 살아도 괜찮고 새 삶을 다시 시작해도 좋다.

– 프랜시스 스콧 피츠제럴드

20

20

20

20

20

1 2 3 4 5 6 7 8 9 10
11 12 13 14 15 16 17 18 19 20
21 22 23 24 25 26 27 28 29 30
31 JAN FEB MAR APR MAY JUN JUL AUG SEP OCT NOV DEC

20

20

20

20

20

책꽂이에서 책 한 권을 뽑아서 몇 줄 읽고 다시 꽂아놓는다.
이제 나는 조금 전의 내가 아니다.

−앙드레 폴 기욤 지드

20

20

20

20

20

1 2 3 4 5 6 7 8 9 10
11 12 13 14 15 16 17 18 19 20
21 22 23 24 25 26 27 28 29 30
31 JAN FEB MAR APR MAY JUN JUL AUG SEP OCT NOV DEC

20

20

20

20

20

무언가를 언제 시작할지에 대해 생각한다는 것은
그만큼 때를 늦추는 것이다.

– 토머스 칼라일

20

20

20

20

20

1 2 3 4 5 6 7 8 9 10
11 12 13 14 15 16 17 18 19 20
21 22 23 24 25 26 27 28 29 30
31 JAN FEB MAR APR MAY JUN JUL AUG SEP OCT NOV DEC

20

20

20

20

20

하고 싶은 사람은 방법을 찾고, 하기 싫은 사람은 구실을 찾는다.
　　　　　　　　　　　 — 아랍 격언

20

20

20

20

20

1 2 3 4 5 6 7 8 9 10
11 12 13 14 15 16 17 18 19 20
21 22 23 24 25 26 27 28 29 30
31 JAN FEB MAR APR MAY JUN JUL AUG SEP OCT NOV DEC

20

20

20

20

20

발자국이 무수히 찍혀 있는 길을 조심하라.
오히려 길을 잃기 쉬우니까.
- 루키우스 안나이우스 세네카

20

20

20

20

20

1 2 3 4 5 6 7 8 9 10
11 12 13 14 15 16 17 18 19 20
21 22 23 24 25 26 27 28 29 30
31 JAN FEB MAR APR MAY JUN JUL AUG SEP OCT NOV DEC

20

20

20

20

20

무슨 말을 어떻게 해야 할지 고민스럽다면 진실을 말하라.
−마크 트웨인

20

20

20

20

20

1 2 3 4 5 6 7 8 9 10
11 12 13 14 15 16 17 18 19 20
21 22 23 24 25 26 27 28 29 30
31 JAN FEB MAR APR MAY JUN JUL AUG SEP OCT NOV DEC

20

20

20

20

20

우울은 얕게 퍼져 있는 분노다.

– 폴 틸리히

20

20

20

20

20

1	2	3	4	5	6	7	8	9	10
11	12	13	14	15	16	17	18	19	20
21	22	23	24	25	26	27	28	29	30

31 JAN FEB MAR APR MAY JUN JUL AUG SEP OCT NOV DEC

20

20

20

20

20

우리는 너무 많이 생각하고 너무 적게 느낀다.

– 찰리 채플린

20

20

20

20

20

1 2 3 4 5 6 7 8 9 10
11 12 13 14 15 16 17 18 19 20
21 22 23 24 25 26 27 28 29 30
31 JAN FEB MAR APR MAY JUN JUL AUG SEP OCT NOV DEC

20

20

20

20

20

가장 혹독한 추위도 마음의 열정을 이길 수 없다.
열정에 불을 지피기 위해
어느 스위치를 눌러야 하는지 알기만 한다면.

– 외젠 이오네스코

20

20

20

20

20

1 2 3 4 5 6 7 8 9 10
11 12 13 14 15 16 17 18 19 20
21 22 23 24 25 26 27 28 29 30
31 JAN FEB MAR APR MAY JUN JUL AUG SEP OCT NOV DEC

20

20

20

20

20

사유하는 인간에게 의자보다 유용한 물건은 없다.
긴긴 겨울밤, 세상의 소란에서 벗어나 의자에 몸을 파묻으면
한없이 차분해지고 때로는 달콤하기까지 하다.

-그자비에 드 메스트르

20

20

20

20

20

1 2 3 4 5 6 7 8 9 10
11 12 13 14 15 16 17 18 19 20
21 22 23 24 25 26 27 28 29 30
31 JAN FEB MAR APR MAY JUN JUL AUG SEP OCT NOV DEC

20

20

20

20

20

우리가 사랑이라 알고 있는 모든 것이면 충분하다.
그러나 그 사랑을 우리는 자기 그릇만큼밖에는 담지 못한다.

−에밀리 디킨슨

20

20

20

20

20

1	2	3	4	5	6	7	8	9	10
11	12	13	14	15	16	17	18	19	20
21	22	23	24	25	26	27	28	29	30

31 JAN FEB MAR APR MAY JUN JUL AUG SEP OCT NOV DEC

20

20

20

20

20

광채 없는 삶에서는 시간이 하루하루 우리를 떠메고 간다.
그러나 언젠가는 우리가 이 시간을
떠메고 가야 할 때가 오게 마련이다.

− 알베르 카뮈

20

20

20

20

20

1	2	3	4	5	6	7	8	9	10
11	12	13	14	15	16	17	18	19	20
21	22	23	24	25	26	27	28	29	30

31 JAN FEB MAR APR MAY JUN JUL AUG SEP OCT NOV DEC

20

20

20

20

20

돈은 육감과 같은 것이고,
돈이 없으면 다른 오감을 적극적으로 활용할 수 없다.

− 윌리엄 서머싯 몸

20

20

20

20

20

2
FEBRUARY

1	2	3	4	5	6	7	8	9	10
11	12	13	14	15	16	17	18	19	20
21	22	23	24	25	26	27	28	29	30

31 JAN FEB MAR APR MAY JUN JUL AUG SEP OCT NOV DEC

20

20

20

20

20

모든 사람의 삶은 제각기 자기 자신에게로 이르는 길이다.
- 헤르만 헤세

20

20

20

20

20

1 2 3 4 5 6 7 8 9 10
11 12 13 14 15 16 17 18 19 20
21 22 23 24 25 26 27 28 29 30
31 JAN FEB MAR APR MAY JUN JUL AUG SEP OCT NOV DEC

20

20

20

20

20

슬픔은 저절로 해결된다. 그러나 기쁨의 가치를 충분히 누리려면
기쁨을 함께 나눌 누군가가 필요하다.

−마크 트웨인

20

20

20

20

20

1 2 3 4 5 6 7 8 9 10
11 12 13 14 15 16 17 18 19 20
21 22 23 24 25 26 27 28 29 30
31 JAN FEB MAR APR MAY JUN JUL AUG SEP OCT NOV DEC

20

20

20

20

20

무언가를 시작하는 가장 좋은 방법은
입을 닫고 몸을 움직이는 것이다.
–월트 디즈니

20

20

20

20

20

1 2 3 4 5 6 7 8 9 10
11 12 13 14 15 16 17 18 19 20
21 22 23 24 25 26 27 28 29 30
31 JAN FEB MAR APR MAY JUN JUL AUG SEP OCT NOV DEC

20

20

20

20

20

나는 사소하고 하찮은 것들을 사랑한다. 시련이 닥치면
그것들이 나를 지탱하는 원천이 되어주기 때문이다.

– 오스카 와일드

20

20

20

20

20

1 2 3 4 5 6 7 8 9 10
11 12 13 14 15 16 17 18 19 20
21 22 23 24 25 26 27 28 29 30
31 JAN FEB MAR APR MAY JUN JUL AUG SEP OCT NOV DEC

20

20

20

20

20

우리는 항구가 필요하다.
무한을 향해 우리가 출발할 수 있는,
단 하나의 견고한 항구.

− 페르난두 페소아

20

20

20

20

20

1 2 3 4 5 6 **7 8 9 10 11 12 13 14 15 16 17 18 19 20 21 22 23 24 25 26 27 28 29** 30 31 JAN FEB MAR APR MAY JUN JUL AUG SEP OCT NOV DEC

20 _____

....

....

....

20 _____

....

....

....

20 _____

....

....

....

20 _____

....

....

....

20 _____

....

....

....

_____

천하태평처럼 보이는 사람들도
마음 깊은 곳을 두드려보면 어딘가 슬픈 소리가 난다.

－나쓰메 소세키

20

20

20

20

20

1 2 3 4 5 6 7 8 9 10
11 12 13 14 15 16 17 18 19 20
21 22 23 24 25 26 27 28 29 30
31 JAN FEB MAR APR MAY JUN JUL AUG SEP OCT NOV DEC

20

20

20

20

20

잠은 순진하다. 잠은 뒤엉킨 근심의 풀솜을 풀어준다.
잠은 그날그날 삶의 죽음이자, 힘겨운 노고를 씻어주는 목욕,
상처받은 마음에 바르는 연고, 대자연이 선사하는 정찬이다.
잠은 생명의 향연에서 가장 중요한 영양분을 제공한다.

— 윌리엄 셰익스피어

20

20

20

20

20

1 2 3 4 5 6 7 8 9 10
11 12 13 14 15 16 17 18 19 20
21 22 23 24 25 26 27 28 29 30
31 JAN FEB MAR APR MAY JUN JUL AUG SEP OCT NOV DEC

20

20

20

20

20

인간은 현재 가진 것의 합계가 아니라
아직 갖지 못했지만 가질 수 있는 것의 총합이다.

−장 폴 사르트르

20

20

20

20

20

1	2	3	4	5	6	7	8	9	10
11	12	13	14	15	16	17	18	19	20
21	22	23	24	25	26	27	28	29	30

31 JAN FEB MAR APR MAY JUN JUL AUG SEP OCT NOV DEC

20

20

20

20

20

이성은 우리가 피해야 할 일을 알려주고,
마음은 우리가 해야 할 일을 말해준다.

– 조제프 주베르

20

20

20

20

20

1 2 3 4 5 6 7 8 9 10
11 12 13 14 15 16 17 18 19 20
21 22 23 24 25 26 27 28 29 30
31 JAN FEB MAR APR MAY JUN JUL AUG SEP OCT NOV DEC

20

20

20

20

20

완전한 진실은 없다. 여러 가지 해석이 있을 뿐.

－프리드리히 빌헬름 니체

20

20

20

20

20

1 2 3 4 5 6 7 8 9 10
11 12 13 14 15 16 17 18 19 20
21 22 23 24 25 26 27 28 29 30
31 JAN FEB MAR APR MAY JUN JUL AUG SEP OCT NOV DEC

20

20

20

20

20

힘든 일에 부딪혔을 때 가장 현명하고 간단한 답은 웃음이다.

－허먼 멜빌

20

20

20

20

20

1 2 3 4 5 6 7 8 9 10
11 12 13 14 15 16 17 18 19 20
21 22 23 24 25 26 27 28 29 30
31 JAN FEB MAR APR MAY JUN JUL AUG SEP OCT NOV DEC

20 _____

20 _____

20 _____

20 _____

20 _____

겨울이 오면 봄 또한 머지않으리.
– 퍼시 비시 셸리

20

20

20

20

20

1 2 3 4 5 6 7 8 9 10
11 12 13 14 15 16 17 18 19 20
21 22 23 24 25 26 27 28 29 30
31 JAN FEB MAR APR MAY JUN JUL AUG SEP OCT NOV DEC

20

20

20

20

20

사랑하고 상처받는 것, 그리고 또다시 사랑하는 것.
이것이 진정 용감하고 행복한 삶이다.

－J. E. 부시로즈

20

20

20

20

20

1 2 3 4 5 6 7 8 9 10
11 12 13 14 15 16 17 18 19 20
21 22 23 24 25 26 27 28 29 30
31 JAN FEB MAR APR MAY JUN JUL AUG SEP OCT NOV DEC

20

_____

20

_____

20

_____

20

_____

20

_____

사랑이란 내 살을 스스로 도려낼 때 사용하는 칼이
바로 당신이라는 존재임을 뜻하는 것이다.

—프란츠 카프카

20

20

20

20

20

1	2	3	4	5	6	7	8	9	10
11	12	13	14	15	16	17	18	19	20
21	22	23	24	25	26	27	28	29	30

31 JAN FEB MAR APR MAY JUN JUL AUG SEP OCT NOV DEC

20

20

20

20

20

행복은 소심한 사람을 싫어한다.

—유진 오닐

20

20

20

20

20

1 2 3 4 5 6 7 8 9 10
11 12 13 14 15 16 17 18 19 20
21 22 23 24 25 26 27 28 29 30
31 JAN FEB MAR APR MAY JUN JUL AUG SEP OCT NOV DEC

20

20

20

20

20

눈과 귀에만 들어오는 가르침은 꿈꾸면서 먹는 음식과 같다.

−중국 격언

20

20

20

20

20

1 2 3 4 5 6 7 8 9 10
11 12 13 14 15 16 17 18 19 20
21 22 23 24 25 26 27 28 29 30
31 JAN FEB MAR APR MAY JUN JUL AUG SEP OCT NOV DEC

20

20

20

20

20

바람이 불지 않을 때 바람개비를 돌리는 방법은
앞으로 달려가는 것이다.
-데일 카네기

20

20

20

20

20

1 2 3 4 5 6 7 8 9 10
11 12 13 14 15 16 17 18 19 20
21 22 23 24 25 26 27 28 29 30
31 JAN FEB MAR APR MAY JUN JUL AUG SEP OCT NOV DEC

20

20

20

20

20

세상은 거대한 기계야.
기계에는 꼭 필요한 부품이 필요한 개수만큼 들어 있지.
나도 어떤 이유가 있어서 여기에 있는 거야. 너 역시 마찬가지야.
– 브라이언 셀즈닉

20

20

20

20

20

1	2	3	4	5	6	7	8	9	10
11	12	13	14	15	16	17	18	19	20
21	22	23	24	25	26	27	28	29	30
31									

JAN FEB MAR APR MAY JUN JUL AUG SEP OCT NOV DEC

20

20

20

20

20

실수하며 보낸 인생은 아무것도 하지 않고 보낸 인생보다
훨씬 존경스러울 뿐만 아니라 훨씬 더 유용하다.

– 조지 버나드 쇼

20

20

20

20

20

1 2 3 4 5 6 7 8 9 10
11 12 13 14 15 16 17 18 19 20
21 22 23 24 25 26 27 28 29 30
31 JAN FEB MAR APR MAY JUN JUL AUG SEP OCT NOV DEC

20

20

20

20

20

사람들은 오랜 친구에 대해서는 아무것도 모르면서
새로 사귄 친구에 대해서는 모든 것을 알고 싶어 한다.

– 오스카 와일드

20

20

20

20

20

1 2 3 4 5 6 7 8 9 10
11 12 13 14 15 16 17 18 19 20
21 22 23 24 25 26 27 28 29 30
31 JAN FEB MAR APR MAY JUN JUL AUG SEP OCT NOV DEC

20

20

20

20

20

습관은 최상의 하인이 될 수도, 최악의 주인이 될 수도 있다.
– 나다나엘 에먼스

20

20

20

20

20

1 2 3 4 5 6 7 8 9 10
11 12 13 14 15 16 17 18 19 20
21 22 23 24 25 26 27 28 29 30
31 JAN FEB MAR APR MAY JUN JUL AUG SEP OCT NOV DEC

20

20

20

20

20

까치발로는 오래 서 있지 못하고,
큰 걸음으로는 멀리 가지 못한다.

– 노자

20

20

20

20

20

1 2 3 4 5 6 7 8 9 10
11 12 13 14 15 16 17 18 19 20
21 22 23 24 25 26 27 28 29 30
31 JAN FEB MAR APR MAY JUN JUL AUG SEP OCT NOV DEC

20

20

20

20

20

평생 좋은 기회를 만나지 못한 사람은 없다.
다만 그것을 잡지 못했을 뿐.
ㅡ앤드루 카네기

20

20

20

20

20

1 2 3 4 5 6 7 8 9 10
11 12 13 14 15 16 17 18 19 20
21 22 23 24 25 26 27 28 29 30
31 JAN FEB MAR APR MAY JUN JUL AUG SEP OCT NOV DEC

20

20

20

20

20

믿음이란 계단의 끝이 보이지 않아도 첫걸음을 내딛는 것이다.
　　　　　　　　－마틴 루서 킹 주니어

20

20

20

20

20

1 2 3 4 5 6 7 8 9 10
11 12 13 14 15 16 17 18 19 20
21 22 23 24 25 26 27 28 29 30
31 JAN FEB MAR APR MAY JUN JUL AUG SEP OCT NOV DEC

20

20

20

20

20

인간의 의미는 그가 이룬 것에 있지 않고,
오히려 그가 그토록 이루려 하는 열망 속에 있다.

– 카비르

20

20

20

20

20

1 2 3 4 5 6 7 8 9 10
11 12 13 14 15 16 17 18 19 20
21 22 23 24 25 26 27 28 29 30
31 JAN FEB MAR APR MAY JUN JUL AUG SEP OCT NOV DEC

20

20

20

20

20

쉬운 일은 어려운 것처럼 시도하고,
어려운 일은 쉬운 것처럼 시도해야 한다.

− 발타자르 그라시안

20

20

20

20

20

1 2 3 4 5 6 7 8 9 10
11 12 13 14 15 16 17 18 19 20
21 22 23 24 25 26 27 28 29 30
31 JAN FEB MAR APR MAY JUN JUL AUG SEP OCT NOV DEC

20

20

20

20

20

싫어하는 일을 하루에 두 가지씩 해보는 것도 영혼에 도움이 된다.
– 윌리엄 서머싯 몸

20

20

20

20

20

1 2 3 4 5 6 7 8 9 10
11 12 13 14 15 16 17 18 19 20
21 22 23 24 25 26 27 28 29 30
31 JAN FEB MAR APR MAY JUN JUL AUG SEP OCT NOV DEC

20

20

20

20

20

우리가 마음 깊이 사랑하는 것들은
언젠가 마침내 우리 자신의 일부분이 된다.

– 헬렌 켈러

20

20

20

20

20

1 2 3 4 5 6 7 8 9 10
11 12 13 14 15 16 17 18 19 20
21 22 23 24 25 26 27 28 29 30
31 JAN FEB MAR APR MAY JUN JUL AUG SEP OCT NOV DEC

20

20

20

20

20

행복의 비결은 폭넓은 관심을 가지는 것,
그리고 되도록 따뜻한 반응을 보이는 것이다.

−버트런드 러셀

20

20

20

20

20

3
MARCH

1 2 3 4 5 6 7 8 9 10
11 12 13 14 15 16 17 18 19 20
21 22 23 24 25 26 27 28 29 30
31 JAN FEB MAR APR MAY JUN JUL AUG SEP OCT NOV DEC

20

20

20

20

20

삶이 열려 있음을 아는 것,
다음 산을 넘고 다음 골목으로 접어들면
아직 알지 못하는 지평이 놓여 있으리라는 기대는
늘 우리를 행복하게 한다.

– 헬무트 두비엘

20

20

20

20

20

1 2 3 4 5 6 7 8 9 10
11 12 13 14 15 16 17 18 19 20
21 22 23 24 25 26 27 28 29 30
31 JAN FEB MAR APR MAY JUN JUL AUG SEP OCT NOV DEC

20

20

20

20

20

나는 어제 일어난 일은 생각하지 않는다.
내일 일어날 일을 자문하지도 않는다.
나에게 중요한 것은 오늘, 이 순간에 일어나는 일이다.
– 니코스 카잔차키스

20

20

20

20

20

1 2 3 4 5 6 7 8 9 10
11 12 13 14 15 16 17 18 19 20
21 22 23 24 25 26 27 28 29 30
31 JAN FEB MAR APR MAY JUN JUL AUG SEP OCT NOV DEC

20

20

20

20

20

평범한 인간은 귀찮은 일과 위험한 일을 싫어하는 법이지.

−마크 트웨인

20

20

20

20

20

1 2 3 4 5 6 7 8 9 10
11 12 13 14 15 16 17 18 19 20
21 22 23 24 25 26 27 28 29 30
31 JAN FEB MAR APR MAY JUN JUL AUG SEP OCT NOV DEC

20

20

20

20

20

소망이란 결국 어떤 종류의 아침을 기다리는 것이다.
– 헨리 워즈워스 롱펠로

20

20

20

20

20

1 2 3 4 5 6 7 8 9 10
11 12 13 14 15 16 17 18 19 20
21 22 23 24 25 26 27 28 29 30
31 JAN FEB MAR APR MAY JUN JUL AUG SEP OCT NOV DEC

20

20

20

20

20

직시한다고 해서 모든 것이 변하는 것은 아니다.
그러나 직시하지 않고서는 아무것도 바꿀 수 없다.

– 제임스 볼드윈

20

20

20

20

20

1	2	3	4	5	6	7	8	9	10
11	12	13	14	15	16	17	18	19	20
21	22	23	24	25	26	27	28	29	30

31 JAN FEB MAR APR MAY JUN JUL AUG SEP OCT NOV DEC

20

20

20

20

20

봄에 여행을 떠나지 않는 자는 봄을 잃어버리는 것과 마찬가지다.

-이탈리아 격언

20

20

20

20

20

1 2 3 4 5 6 7 8 9 10
11 12 13 14 15 16 17 18 19 20
21 22 23 24 25 26 27 28 29 30
31 JAN FEB MAR APR MAY JUN JUL AUG SEP OCT NOV DEC

20

20

20

20

20

좋은 길동무는 길을 짧게 만든다.
−올리버 골드스미스

20

20

20

20

20

1 2 3 4 5 6 7 8 9 10
11 12 13 14 15 16 17 18 19 20
21 22 23 24 25 26 27 28 29 30
31 JAN FEB MAR APR MAY JUN JUL AUG SEP OCT NOV DEC

20

20

20

20

20

인생이 웃어주기를 바란다면 먼저 인생을 향해 미소를 지어라.

－바뤼흐 스피노자

20

20

20

20

20

1 2 3 4 5 6 7 8 9 10
11 12 13 14 15 16 17 18 19 20
21 22 23 24 25 26 27 28 29 30
31 JAN FEB MAR APR MAY JUN JUL AUG SEP OCT NOV DEC

20

20

20

20

20

냉소주의자는 모든 것의 값을 알고 있지만
그 가치는 전혀 모르는 사람이다.

– 오스카 와일드

20

20

20

20

20

1 2 3 4 5 6 7 8 9 10
11 12 13 14 15 16 17 18 19 20
21 22 23 24 25 26 27 28 29 30
31 JAN FEB MAR APR MAY JUN JUL AUG SEP OCT NOV DEC

20

20

20

20

20

고통받기를 두려워하는 사람은
두려워하면서 이미 고통을 겪기 시작한다.

−미셸 에켐 드 몽테뉴

20

20

20

20

20

1 2 3 4 5 6 7 8 9 10
11 12 13 14 15 16 17 18 19 20
21 22 23 24 25 26 27 28 29 30
31 JAN FEB MAR APR MAY JUN JUL AUG SEP OCT NOV DEC

20

20

20

20

20

아무도 좋아하지 않는 자는 모두가 싫어하는 자보다 불행하다.

– 프랑수아 드 라로슈푸코

20

20

20

20

20

1 2 3 4 5 6 7 8 9 10
11 12 13 14 15 16 17 18 19 20
21 22 23 24 25 26 27 28 29 30
31 JAN FEB MAR APR MAY JUN JUL AUG SEP OCT NOV DEC

20

20

20

20

20

언젠가 미워하게 될 것처럼 사랑하라.
언젠가 사랑하게 될 것처럼 미워하라.

– 디오게네스 라에르티오스

20

20

20

20

20

1 2 3 4 5 6 7 8 9 10
11 12 13 14 15 16 17 18 19 20
21 22 23 24 25 26 27 28 29 30
31 JAN FEB MAR APR MAY JUN JUL AUG SEP OCT NOV DEC

20

20

20

20

20

우리는 우리가 온종일 생각하는 대로 변해간다.
— 랄프 왈도 에머슨

20

20

20

20

20

1 2 3 4 5 6 7 8 9 10
11 12 13 14 15 16 17 18 19 20
21 22 23 24 25 26 27 28 29 30
31 JAN FEB MAR APR MAY JUN JUL AUG SEP OCT NOV DEC

20

20

20

20

20

내 말들은 네 사랑으로 얼룩졌다.
−파블로 네루다

20

20

20

20

20

1 2 3 4 5 6 7 8 9 10
11 12 13 14 15 16 17 18 19 20
21 22 23 24 25 26 27 28 29 30
31 JAN FEB MAR APR MAY JUN JUL AUG SEP OCT NOV DEC

20

20

20

20

20

우리는 우리 슬픔을 느끼면서 더 많은 사랑을 깨닫는다.

-알베르 카뮈

20

20

20

20

20

1 2 3 4 5 6 7 8 9 10
11 12 13 14 15 16 17 18 19 20
21 22 23 24 25 26 27 28 29 30
31 JAN FEB MAR APR MAY JUN JUL AUG SEP OCT NOV DEC

20

20

20

20

20

자기 자신에게 친구인 사람은 누구에게나 친구가 될 수 있다.
─루키우스 안나이우스 세네카

20

20

20

20

20

1 2 3 4 5 6 7 8 9 10
11 12 13 14 15 16 17 18 19 20
21 22 23 24 25 26 27 28 29 30
31 JAN FEB MAR APR MAY JUN JUL AUG SEP OCT NOV DEC

20

20

20

20

20

행복해지기 전에 웃어야 한다. 웃어보기도 전에 죽을지 모르니.

-장 드 라브뤼예르

20

20

20

20

20

1 2 3 4 5 6 7 8 9 10
11 12 13 14 15 16 17 18 19 20
21 22 23 24 25 26 27 28 29 30
31 JAN FEB MAR APR MAY JUN JUL AUG SEP OCT NOV DEC

20

20

20

20

20

나는 돈을 조심스럽게 다룬다.
돈이 없어서 내가 정말로 하고 싶은 일을
하지 못하는 상황에 내몰리기 싫기 때문이다.

−윌리엄 서머싯 몸

20

20

20

20

20

1 2 3 4 5 6 7 8 9 10
11 12 13 14 15 16 17 18 19 20
21 22 23 24 25 26 27 28 29 30
31 JAN FEB MAR APR MAY JUN JUL AUG SEP OCT NOV DEC

20

20

20

20

20

원하지 않는 일을 억지로 하는 것은 괴로운 일이지만
밥그릇을 잃어버리면 그 고통은 더욱 크다.

−루쉰

20

20

20

20

20

1 2 3 4 5 6 7 8 9 10
11 12 13 14 15 16 17 18 19 20
21 22 23 24 25 26 27 28 29 30
31 JAN FEB MAR APR MAY JUN JUL AUG SEP OCT NOV DEC

20

20

20

20

20

겸손한 척하는 것보다 더 기만적인 행동은 없다.

─제인 오스틴

20

20

20

20

20

1 2 3 4 5 6 7 8 9 10
11 12 13 14 15 16 17 18 19 20
21 22 23 24 25 26 27 28 29 30
31 JAN FEB MAR APR MAY JUN JUL AUG SEP OCT NOV DEC

20

20

20

20

20

어쨌든 우리가 해나 달이나 별을 죽이려고
애쓰지 않아도 되는 것은 다행이다.
— 어니스트 밀러 헤밍웨이

20

20

20

20

20

1 2 3 4 5 6 7 8 9 10
11 12 13 14 15 16 17 18 19 20
21 22 23 24 25 26 27 28 29 30
31 JAN FEB MAR APR MAY JUN JUL AUG SEP OCT NOV DEC

20

20

20

20

20

누워서 기도하는 자는 졸고 있는 신에게 기도하는 것이다.
　　　　　－폴란드 격언

20

20

20

20

20

1 2 3 4 5 6 7 8 9 10
11 12 13 14 15 16 17 18 19 20
21 22 23 24 25 26 27 28 29 30
31 JAN FEB MAR APR MAY JUN JUL AUG SEP OCT NOV DEC

20

20

20

20

20

내 내면이 풍요롭지 않다면
풍경의 아름다움에 무슨 소용이 있겠는가?
내 삶이 아름답지 않다면
아무리 아름다운 풍경일지라도 의미가 없다.

– 헨리 데이비드 소로

20

20

20

20

20

1 2 3 4 5 6 7 8 9 10
11 12 13 14 15 16 17 18 19 20
21 22 23 24 25 26 27 28 29 30
31 JAN FEB MAR APR MAY JUN JUL AUG SEP OCT NOV DEC

20

20

20

20

20

사람이 두려움을 느끼는 것은 아름다운 일이다.
두려움을 전혀 느끼지 않는 이는 처절하게 고독하도록
사람들과 어울리지 못하는 이방인이다.

— 이자크 디네센

20

20

20

20

20

1 2 3 4 5 6 7 8 9 10
11 12 13 14 15 16 17 18 19 20
21 22 23 24 25 26 27 28 29 30
31 JAN FEB MAR APR MAY JUN JUL AUG SEP OCT NOV DEC

20

20

20

20

20

당신 그대로의 모습으로 미움받는 것이
당신답지 못한 모습으로 사랑받는 것보다 낫다.

－앙드레 폴 기욤 지드

20

20

20

20

20

1 2 3 4 5 6 7 8 9 10
11 12 13 14 15 16 17 18 19 20
21 22 23 24 25 26 27 28 29 30
31 JAN FEB MAR APR MAY JUN JUL AUG SEP OCT NOV DEC

20

20

20

20

20

사람은 흔히 슬픔을 센다.
만약 기쁨을 센다면 훨씬 행복해질 것이다.

－표도르 미하일로비치 도스토옙스키

20

20

20

20

20

1 2 3 4 5 6 7 8 9 10
11 12 13 14 15 16 17 18 19 20
21 22 23 24 25 26 27 28 29 30
31 JAN FEB MAR APR MAY JUN JUL AUG SEP OCT NOV DEC

20

20

20

20

20

삶은 용기의 정도에 비례하여 축소되거나 확장된다.
-아나이스 닌

20

20

20

20

20

1 2 3 4 5 6 7 8 9 10
11 12 13 14 15 16 17 18 19 20
21 22 23 24 25 26 27 28 29 30
31 JAN FEB MAR APR MAY JUN JUL AUG SEP OCT NOV DEC

20

20

20

20

20

생각하는 대로 살아라.
그러지 않으면 사는 대로 생각하게 된다.

– 폴 발레리

20

20

20

20

20

1	2	3	4	5	6	7	8	9	10
11	12	13	14	15	16	17	18	19	20
21	22	23	24	25	26	27	28	29	30

31 JAN FEB MAR APR MAY JUN JUL AUG SEP OCT NOV DEC

20

20

20

20

20

우리가 무엇을 할 수 있는지 알기 전까지는
우리의 진정한 모습을 알 수 없다.

– 마사 그라임스

20

20

20

20

20

1 2 3 4 5 6 7 8 9 10
11 12 13 14 15 16 17 18 19 20
21 22 23 24 25 26 27 28 29 30
31 JAN FEB MAR APR MAY JUN JUL AUG SEP OCT NOV DEC

20

20

20

20

20

아름다움을 보는 능력을 가진 사람은 늙지 않는다.
  −구스타프 야누흐

20

20

20

20

20

1 2 3 4 5 6 7 8 9 10
11 12 13 14 15 16 17 18 19 20
21 22 23 24 25 26 27 28 29 30
31 JAN FEB MAR APR MAY JUN JUL AUG SEP OCT NOV DEC

20

20

20

20

20

믿을 수 있는 것을 믿는 것은 믿음이 아니다.
　　　　－볼테르

20

20

20

20

20

4 APRIL

1 2 3 4 5 6 7 8 9 10
11 12 13 14 15 16 17 18 19 20
21 22 23 24 25 26 27 28 29 30
31 JAN FEB MAR APR MAY JUN JUL AUG SEP OCT NOV DEC

20

20

20

20

20

나는 내 방식대로 숨을 쉬고 내 방식대로 살아갈 것이다.
누가 더 강한지는 두고 보도록 하지.

– 헨리 데이비드 소로

20

20

20

20

20

1 2 3 4 5 6 7 8 9 10
11 12 13 14 15 16 17 18 19 20
21 22 23 24 25 26 27 28 29 30
31 JAN FEB MAR APR MAY JUN JUL AUG SEP OCT NOV DEC

20

20

20

20

20

우리가 해야 하는 일이란 대부분 우리가 해낼 수 있는 일이다.
-애나 엘리너 루스벨트

20

20

20

20

20

1 2 3 4 5 6 7 8 9 10
11 12 13 14 15 16 17 18 19 20
21 22 23 24 25 26 27 28 29 30
31 JAN FEB MAR APR MAY JUN JUL AUG SEP OCT NOV DEC

20

20

20

20

20

자연의 속도에 맞춰라. 그 비결은 인내하는 것이다.

– 랄프 왈도 에머슨

20

20

20

20

20

1 2 3 4 5 6 7 8 9 10
11 12 13 14 15 16 17 18 19 20
21 22 23 24 25 26 27 28 29 30
31 JAN FEB MAR APR MAY JUN JUL AUG SEP OCT NOV DEC

20

20

20

20

20

남보다 뛰어나다고 해서 고귀한 사람이 되는 것은 아니다.
과거의 자신보다 뛰어난 자가
결국에는 고귀한 사람이 되는 것이다.

– 어니스트 밀러 헤밍웨이

20

20

20

20

20

1 2 3 4 5 6 7 8 9 10
11 12 13 14 15 16 17 18 19 20
21 22 23 24 25 26 27 28 29 30
31 JAN FEB MAR APR MAY JUN JUL AUG SEP OCT NOV DEC

20

20

20

20

20

모든 전사 중 가장 강한 전사는
이 두 가지, 시간과 인내다.

— 레프 니콜라예비치 톨스토이

20

20

20

20

20

1 2 3 4 5 6 7 8 9 10
11 12 13 14 15 16 17 18 19 20
21 22 23 24 25 26 27 28 29 30
31 JAN FEB MAR APR MAY JUN JUL AUG SEP OCT NOV DEC

20

20

20

20

20

내 기분은 내가 정해. 오늘 나는 행복으로 할래.

−루이스 캐럴

20

20

20

20

20

1 2 3 4 5 6 7 8 9 10
11 12 13 14 15 16 17 18 19 20
21 22 23 24 25 26 27 28 29 30
31 JAN FEB MAR APR MAY JUN JUL AUG SEP OCT NOV DEC

20

20

20

20

20

내 안에는 나 혼자 살고 있는 고독의 장소가 있다.
그곳은 말라붙은 마음을 소생시키는 단 한 곳이다.

– 펄 벅

20

20

20

20

20

1 2 3 4 5 6 7 8 9 10
11 12 13 14 15 16 17 18 19 20
21 22 23 24 25 26 27 28 29 30
31 JAN FEB MAR APR MAY JUN JUL AUG SEP OCT NOV DEC

20

20

20

20

20

혼자 있을 때 우리는 비로소 자신의 삶과 추억,
주변의 소소한 것들에 열정적인 관심을 지닐 수 있다.

−버지니아 울프

20

20

20

20

20

1	2	3	4	5	6	7	8	9	10
11	12	13	14	15	16	17	18	19	20
21	22	23	24	25	26	27	28	29	30

31 JAN FEB MAR APR MAY JUN JUL AUG SEP OCT NOV DEC

20

20

20

20

20

행동이 반드시 행복을 안겨주지 않을지는 몰라도
행동 없는 행복이란 없다.

—윌리엄 제임스

20

20

20

20

20

1 2 3 4 5 6 7 8 9 10
11 12 13 14 15 16 17 18 19 20
21 22 23 24 25 26 27 28 29 30
31 JAN FEB MAR APR MAY JUN JUL AUG SEP OCT NOV DEC

20

20

20

20

20

무엇을 해본 뒤에 후회하는 편이
하지 않고 후회하는 것보다 훨씬 낫지.

－조반니 보카치오

20

20

20

20

20

1 2 3 4 5 6 7 8 9 10
11 12 13 14 15 16 17 18 19 20
21 22 23 24 25 26 27 28 29 30
31 JAN FEB MAR APR MAY JUN JUL AUG SEP OCT NOV DEC

20

20

20

20

20

누구도 자신을 믿어주지 않을 때 스스로를 믿는 것,
이것이 챔피언이 되는 길이다.

－슈거 레이 로빈슨

20

20

20

20

20

1 2 3 4 5 6 7 8 9 10
11 12 13 14 15 16 17 18 19 20
21 22 23 24 25 26 27 28 29 30
31 JAN FEB MAR APR MAY JUN JUL AUG SEP OCT NOV DEC

20

20

20

20

20

호기심이 사라지는 순간 노년이 시작된다.

−시몬 드 보부아르

20

20

20

20

20

1	2	3	4	5	6	7	8	9	10
11	12	13	14	15	16	17	18	19	20
21	22	23	24	25	26	27	28	29	30

31 JAN FEB MAR APR MAY JUN JUL AUG SEP OCT NOV DEC

20

20

20

20

20

일이 즐거울 때 인생은 낙원이 되고,
일이 의무일 때 인생은 지옥이 된다.

– 막심 고리키

20

20

20

20

20

1 2 3 4 5 6 7 8 9 10
11 12 13 14 15 16 17 18 19 20
21 22 23 24 25 26 27 28 29 30
31 JAN FEB MAR APR MAY JUN JUL AUG SEP OCT NOV DEC

20

20

20

20

20

우유를 마시는 사람보다 우유를 배달하는 사람이 더 건강하다.

−영국 속담

20

20

20

20

20

1 2 3 4 5 6 7 8 9 10
11 12 13 14 15 16 17 18 19 20
21 22 23 24 25 26 27 28 29 30
31 JAN FEB MAR APR MAY JUN JUL AUG SEP OCT NOV DEC

20

20

20

20

20

실수란 일을 하는 또 다른 방식에 불과하다.
― 캐서린 그레이엄

20

20

20

20

20

**1 2 3 4 5 6 7 8 9 10
11 12 13 14 15 16 17 18 19 20
21 22 23 24 25 26 27 28 29 30
31** JAN FEB MAR APR MAY JUN JUL AUG SEP OCT NOV DEC

20 _____

20 _____

20 _____

20 _____

20 _____

침묵하는 사람보다 언어에 능숙한 사람은 없다.

−샘 레이번

20

20

20

20

20

1 2 3 4 5 6 7 8 9 10
11 12 13 14 15 16 17 18 19 20
21 22 23 24 25 26 27 28 29 30
31 JAN FEB MAR APR MAY JUN JUL AUG SEP OCT NOV DEC

20

20

20

20

20

사람의 성품은 역경을 이겨낼 때가 아니라
권력이 주어질 때 가장 잘 드러난다.

−에이브러햄 링컨

20

20

20

20

20

1	2	3	4	5	6	7	8	9	10
11	12	13	14	15	16	17	18	19	20
21	22	23	24	25	26	27	28	29	30

31 JAN FEB MAR APR MAY JUN JUL AUG SEP OCT NOV DEC

20

20

20

20

20

발견이란 모두가 보는 것을 보면서
아무도 생각지 못한 것을 생각하는 것이다.
– 얼베르트 폰 너지러폴트 센트죄르지

20

20

20

20

20

1 2 3 4 5 6 7 8 9 10
11 12 13 14 15 16 17 18 19 **20**
21 22 23 24 25 26 27 28 29 30
31 JAN FEB MAR APR MAY JUN JUL AUG SEP OCT NOV DEC

20

20

20

20

20

세상에서 가장 외로운 이는
듣기 싫은 진실을 말해줄 친구가 없는 사람이다.

－마크 트웨인

20

20

20

20

20

1 2 3 4 5 6 7 8 9 10
11 12 13 14 15 16 17 18 19 20
21 22 23 24 25 26 27 28 29 30
31 JAN FEB MAR APR MAY JUN JUL AUG SEP OCT NOV DEC

20

20

20

20

20

남과 다를 수 있는 권리를 포기한다면
자유로울 수 있는 권리도 잃게 된다.

– 찰스 에번스 휴스

20

20

20

20

20

1 2 3 4 5 6 7 8 9 10
11 12 13 14 15 16 17 18 19 20
21 22 23 24 25 26 27 28 29 30
31 JAN FEB MAR APR MAY JUN JUL AUG SEP OCT NOV DEC

20

20

20

20

20

처음으로 자기 자신을 제대로 비웃어본
그날부터 당신은 성장한다.

−에설 배리모어

20

20

20

20

20

1 2 3 4 5 6 7 8 9 10
11 12 13 14 15 16 17 18 19 20
21 22 23 24 25 26 27 28 29 30
31 JAN FEB MAR APR MAY JUN JUL AUG SEP OCT NOV DEC

20

20

20

20

20

한마디로 성격이란 충분히 지속되어온 습관이다.

－플루타르코스

20

20

20

20

20

1 2 3 4 5 6 7 8 9 10
11 12 13 14 15 16 17 18 19 20
21 22 23 24 25 26 27 28 29 30
31 JAN FEB MAR APR MAY JUN JUL AUG SEP OCT NOV DEC

20

20

20

20

20

가벼운 슬픔은 우리를 수다스럽게 만들지만,
큰 슬픔은 벙어리가 되게 한다.
―루키우스 안나이우스 세네카

20

20

20

20

20

1 2 3 4 5 6 7 8 9 10
11 12 13 14 15 16 17 18 19 20
21 22 23 24 **25 26 27 28 29 30**
31 JAN FEB MAR APR MAY JUN JUL AUG SEP OCT NOV DEC

20

20

20

20

20

고통은 그것을 철저하게 경험해야만 치유된다.

－마르셀 프루스트

20

20

20

20

20

1 2 3 4 5 6 7 8 9 10
11 12 13 14 15 16 17 18 19 20
21 22 23 24 25 26 27 28 29 30
31 JAN FEB MAR APR MAY JUN JUL AUG SEP OCT NOV DEC

20

20

20

20

20

하루하루는 과일이며 우리 역할은 그 과일을 먹는 것이다.
— 장 지오노

20 ·

20

20

20

20

1 2 3 4 5 6 7 8 9 10
11 12 13 14 15 16 17 18 19 20
21 22 23 24 25 26 27 28 29 30
31 JAN FEB MAR APR MAY JUN JUL AUG SEP OCT NOV DEC

20

20

20

20

20

삶에서 의미를 찾지 못한다면
산다는 것은 한낱 골칫덩이에 불과하다.

– 윌라 사이버트 캐더

20

20

20

20

20

1 2 3 4 5 6 7 8 9 10
11 12 13 14 15 16 17 18 19 20
21 22 23 24 25 26 27 28 29 30
31 JAN FEB MAR APR MAY JUN JUL AUG SEP OCT NOV DEC

20

20

20

20

20

어디서든 어떤 상황에서든 우리는 살아갈 수 있습니다.
그 기적을 생생하게 간직하세요.
언제나 기적 속에서 살아가세요.

−헨리 밀러

20

20

20

20

20

1 2 3 4 5 6 7 8 9 10
11 12 13 14 15 16 17 18 19 20
21 22 23 24 25 26 27 28 29 30
31 JAN FEB MAR APR MAY JUN JUL AUG SEP OCT NOV DEC

20

20

20

20

20

체념이란 하루하루 자살하는 것과 같다.

－오노레 드 발자크

20

20

20

20

20

1 2 3 4 5 6 7 8 9 10
11 12 13 14 15 16 17 18 19 20
21 22 23 24 25 26 27 28 29 30
31 JAN FEB MAR APR MAY JUN JUL AUG SEP OCT NOV DEC

20

20

20

20

20

두려워해야 할 것은 죽음이 아니라 충만하지 않은 삶이다.
-베르톨트 브레히트

20

20

20

20

20

1	2	3	4	5	6	7	8	9	10
11	12	13	14	15	16	17	18	19	20
21	22	23	24	25	26	27	28	29	30

31 JAN FEB MAR APR MAY JUN JUL AUG SEP OCT NOV DEC

20

20

20

20

20

날마다 죽고 날마다 다시 태어나십시오.

– 니코스 카잔차키스

20

20

20

20

20

1 2 3 4 5 6 7 8 9 10
11 12 13 14 15 16 17 18 19 20
21 22 23 24 25 26 27 28 29 30
31 JAN FEB MAR APR MAY JUN JUL AUG SEP OCT NOV DEC

20

20

20

20

20

당신이 어디에서 왔는지가 아니라
어디로 가고 있는지가 중요하다.

-엘라 제인 피츠제럴드

20

20

20

20

20

1 2 3 4 5 6 7 8 9 10
11 12 13 14 15 16 17 18 19 20
21 22 23 24 25 26 27 28 29 30
31 JAN FEB MAR APR MAY JUN JUL AUG SEP OCT NOV DEC

20

20

20

20

20

네 장미꽃이 그토록 소중한 것은
그 꽃을 위해 네가 들인 시간 때문이야.

−앙투안 드 생텍쥐페리

20

20

20

20

20

1 2 3 4 5 6 7 8 9 10
11 12 13 14 15 16 17 18 19 20
21 22 23 24 25 26 27 28 29 30
31 JAN FEB MAR APR MAY JUN JUL AUG SEP OCT NOV DEC

20

20

20

20

20

편견은 내가 다른 사람을 사랑하지 못하게 하고,
오만은 다른 사람이 나를 사랑할 수 없게 만든다.

– 제인 오스틴

20

20

20

20

20

1 2 3 4 5 6 7 8 9 10
11 12 13 14 15 16 17 18 19 20
21 22 23 24 25 26 27 28 29 30
31 JAN FEB MAR APR MAY JUN JUL AUG SEP OCT NOV DEC

20

20

20

20

20

성실한 사람에게도 얼마나 많은 위선이 숨겨져 있고,
고결한 정신 속에도 얼마나 많은 비열함이 숨어 있는지,
또 사악한 마음속에는 얼마나 많은 선량함이
깃들어 있는지 그 무렵의 나는 아직 몰랐다.

– 윌리엄 서머싯 몸

20

20

20

20

20

1 2 3 4 5 6 7 8 9 10
11 12 13 14 15 16 17 18 19 20
21 22 23 24 25 26 27 28 29 30
31 JAN FEB MAR APR MAY JUN JUL AUG SEP OCT NOV DEC

20

20

20

20

20

한 사회가 아이를 대하는 방식만큼
그 사회의 영혼을 잘 드러내는 것은 없다.

— 넬슨 롤리랄라 만델라

20

20

20

20

20

1 2 3 4 5 6 7 8 9 10
11 12 13 14 15 16 17 18 19 20
21 22 23 24 25 26 27 28 29 30
31 JAN FEB MAR APR MAY JUN JUL AUG SEP OCT NOV DEC

20

20

20

20

20

불가능한 것을 손에 넣으려면 불가능한 것을 시도해야 한다.
−미겔 데 세르반테스 사아베드라

20

20

20

20

20

1	2	3	4	5	6	7	8	9	10
11	12	13	14	15	16	17	18	19	20
21	22	23	24	25	26	27	28	29	30

31 JAN FEB MAR APR MAY JUN JUL AUG SEP OCT. NOV DEC

20

20

20

20

20

절망에 맞서는 가장 좋은 방법은 절망적인 상황을
바꾸기 위해 모든 노력을 다하는 것뿐이다.

– 제인 구달

20

20

20

20

20

1 2 3 4 5 6 7 8 9 10
11 12 13 14 15 16 17 18 19 20
21 22 23 24 25 26 27 28 29 30
31 JAN FEB MAR APR MAY JUN JUL AUG SEP OCT NOV DEC

20

20

20

20

20

과한 것 중에 가장 아름다운 것은 감사하는 마음이다.

−장 드 라브뤼예르

20

20

20

20

20

1 2 3 4 5 6 7 8 9 10
11 12 13 14 15 16 17 18 19 20
21 22 23 24 25 26 27 28 29 30
31 JAN FEB MAR APR MAY JUN JUL AUG SEP OCT NOV DEC

20

20

20

20

20

선한 행동을 꾸준히 하다 보면
자신도 모르게 선한 사람으로 변해 있을 것이다.

−루이스 오친클로스

20

20

20

20

20

1 2 3 4 5 6 7 8 9 10
11 12 13 14 15 16 17 18 19 20
21 22 23 24 25 26 27 28 29 30
31 JAN FEB MAR APR MAY JUN JUL AUG SEP OCT NOV DEC

20

20

20

20

20

세상에는 다른 사람들이 하는 대로 내버려둬도
좋은 일이 얼마든지 있다.

—카를 힐티

20

20

20

20

20

1 2 3 4 5 6 7 8 9 10
11 12 13 14 15 16 17 18 19 20
21 22 23 24 25 26 27 28 29 30
31 JAN FEB MAR APR MAY JUN JUL AUG SEP OCT NOV DEC

20

20

20

20

20

모든 일을 뒤로 미루어라. 내일로 미룰 수 있는 일을
결코 오늘 해치우지 말 것.

– 페르난두 페소아

20

20

20

20

20

1 2 3 4 5 6 7 8 9 10
11 12 13 14 15 16 17 18 19 20
21 22 23 24 25 26 27 28 29 30
31 JAN FEB MAR APR MAY JUN JUL AUG SEP OCT NOV DEC

20

20

20

20

20

기도로 신의 뜻을 바꿀 수는 없다.
다만 기도하는 사람의 마음을 바꿀 뿐이다.

−쇠렌 오뷔에 키르케고르

20

20

20

20

20

1 2 3 4 5 6 7 8 9 10
11 12 13 14 15 16 17 18 19 20
21 22 23 24 25 26 27 28 29 30
31 JAN FEB MAR APR MAY JUN JUL AUG SEP OCT NOV DEC

20

20

20

20

20

당신의 생각이 얼마나 강력한지 깨닫는다면
당신은 결코 부정적으로 생각하지 않을 것이다.
-피스 필그림

20

20

20

20

20

1 2 3 4 5 6 7 8 9 10
11 12 13 14 15 16 17 18 19 20
21 22 23 24 25 26 27 28 29 30
31 JAN FEB MAR APR MAY JUN JUL AUG SEP OCT NOV DEC

20

20

20

20

20

언제나 어딘가에 더 나은 방법이 있기 마련이다.
－토머스 에디슨

20

20

20

20

20

1 2 3 4 5 6 7 8 9 10
11 12 13 14 15 16 17 18 19 20
21 22 23 24 25 26 27 28 29 30
31 JAN FEB MAR APR MAY JUN JUL AUG SEP OCT NOV DEC

20

20

20

20

20

혼자 외롭게 살더라도
이따금 어딘가에 연결되고 싶은 사람에게는
골목을 향한 창이 하나 나 있어야 한다.
– 프란츠 카프카

20

20

20

20

20

1 2 3 4 5 6 7 8 9 10
11 12 13 14 15 16 17 18 19 20
21 22 23 24 25 26 27 28 29 30
31 JAN FEB MAR APR MAY JUN JUL AUG SEP OCT NOV DEC

20

20

20

20

20

인생 최대의 실수는 실수할까 봐 늘 걱정하는 것이다.

−엘버트 허버드

20

20

20

20

20

1 2 3 4 5 6 7 8 9 10
11 12 13 14 15 16 17 18 19 20
21 22 23 24 25 26 27 28 29 30
31 JAN FEB MAR APR MAY JUN JUL AUG SEP OCT NOV DEC

20

20

20

20

20

이성적인 인간은 자신을 세상에 맞춘다.
비이성적인 인간은 세상을 자신에게 맞추려고 노력한다.
결국 진보란 비이성적인 인간의 손에 달려 있다.

– 조지 버나드 쇼

20

20

20

20

20

1 2 3 4 5 6 7 8 9 10
11 12 13 14 15 16 17 18 19 20
21 22 23 24 25 26 27 28 29 30
31 JAN FEB MAR APR MAY JUN JUL AUG SEP OCT NOV DEC

20

20

20

20

20

장미를 건네주는 손에는 언제나 향기가 살짝 남는다.

−중국 격언

20

20

20

20

20

1	2	3	4	5	6	7	8	9	10
11	12	13	14	15	16	17	18	19	20
21	22	23	24	25	26	27	28	29	30

31 JAN FEB MAR APR MAY JUN JUL AUG SEP OCT NOV DEC

20

20

20

20

20

나이는 우리를 사랑으로부터 지켜주지 못하지만,
사랑은 우리를 나이로부터 웬만큼 지켜준다.

– 잔 모로

20

20

20

20

20

1 2 3 4 5 6 7 8 9 10
11 12 13 14 15 16 17 18 19 20
21 22 23 24 25 26 27 28 29 30
31 JAN FEB MAR APR MAY JUN JUL AUG SEP OCT NOV DEC

20

20

20

20

20

인간은 가장 깊은 절망의 순간조차 무심결에
아름다움의 법칙에 따라 자기 삶을 작곡한다.

– 밀란 쿤데라

20

20

20

20

20

1	2	3	4	5	6	7	8	9	10
11	12	13	14	15	16	17	18	19	20
21	22	23	24	25	26	27	28	29	30

31 JAN FEB MAR APR MAY JUN JUL AUG SEP OCT NOV DEC

20

20

20

20

20

한 번에 한 가지 이상의 문제를 바구니에 담지 마세요.
−에드워드 에버렛 헤일

20

20

20

20

20

1	2	3	4	5	6	7	8	9	10
11	12	13	14	15	16	17	18	19	20
21	22	23	24	25	26	27	28	29	30

31 JAN FEB MAR APR MAY JUN JUL AUG SEP OCT NOV DEC

20

20

20

20

20

먼지처럼 겸손해질 때 삶의 경이로움을 느낄 것이다.
– 마하트마 간디

20

20

20

20

20

1 2 3 4 5 6 7 8 9 10
11 12 13 14 15 16 17 18 19 20
21 22 23 24 25 26 27 28 29 30
31 JAN FEB MAR APR MAY JUN JUL AUG SEP OCT NOV DEC

20

20

20

20

20

세상에서 가장 가치 있는 일들은 한가로울 때 이루어졌다.

－조지 버나드 쇼

20

20

20

20

20

1 2 3 4 5 6 7 8 9 10
11 12 13 14 15 16 17 18 19 20
21 22 23 24 25 26 27 28 29 30
31 JAN FEB MAR APR MAY JUN JUL AUG SEP OCT NOV DEC

20

20

20

20

20

우리는 절대로 타인에게 속지 않는다.
자기 자신에게 속을 뿐이다.

- 요한 볼프강 폰 괴테

20

20

20

20

20

1 2 3 4 5 6 7 8 9 10
11 12 13 14 15 16 17 18 19 20
21 22 23 24 25 26 27 28 29 30
31 JAN FEB MAR APR MAY JUN JUL AUG SEP OCT NOV DEC

20

20

20

20

20

나 자신에 대한 믿음을 잃는 순간 온 세상이 나의 적이 된다.
— 랄프 왈도 에머슨

20

20

20

20

20

1 2 3 4 5 6 7 8 9 10
11 12 13 14 15 16 17 18 19 20
21 22 23 24 25 26 27 28 29 30
31 JAN FEB MAR APR MAY JUN JUL AUG SEP OCT NOV DEC

20

20

20

20

20

사람들은 커다란 행복을 기대하면서 작은 기쁨을 잃어버린다.
－펄 벅

20

20

20

20

20

1 2 3 4 5 6 7 8 9 10
11 12 13 14 15 16 17 18 19 20
21 22 23 24 25 26 27 **28 29 30**
31 JAN FEB MAR APR MAY JUN JUL AUG SEP OCT NOV DEC

20

20

20

20

20

청찬받는 모습을 보면 그 사람의 됨됨이를 알 수 있다.
-루키우스 안나이우스 세네카

20

20

20

20

20

1 2 3 4 5 6 7 8 9 10
11 12 13 14 15 16 17 18 19 20
21 22 23 24 25 26 27 28 29 30
31 JAN FEB MAR APR MAY JUN JUL AUG SEP OCT NOV DEC

20

20

20

20

20

나이가 들수록 많은 걸 포기하게 되는 것이 아니라
많은 걸 포기하기 때문에 나이가 드는 것이다.

−시어도어 프랜시스 그린

20

20

20

20

20

1 2 3 4 5 6 7 8 9 10
11 12 13 14 15 16 17 18 19 20
21 22 23 24 25 26 27 28 29 30
31 JAN FEB MAR APR MAY JUN JUL AUG SEP OCT NOV DEC

20

20

20

20

20

세상에 진짜로 끝나는 일이란 거의 없다.
일단 한 번 일어난 일은 언제까지고 계속된다.

– 나쓰메 소세키

20

20

20

20

20

1 2 3 4 5 6 7 8 9 10
11 12 13 14 15 16 17 18 19 20
21 22 23 24 25 26 27 28 29 30
31 JAN FEB MAR APR MAY JUN JUL AUG SEP OCT NOV DEC

20

20

20

20

20

누구도 자기 그늘 밑에서 쉴 수는 없다.
다른 사람만이 내 그늘에서 쉴 수 있다.

– 헝가리 격언

20

20

20

20

20

1 2 3 4 5 6 7 8 9 10
11 12 13 14 15 16 17 18 19 20
21 22 23 24 25 26 27 28 29 30
31 JAN FEB MAR APR MAY JUN JUL AUG SEP OCT NOV DEC

20

20

20

20

20

한 인간의 죽음이란
죽은 자의 문제라기보다 살아남은 자의 문제다.

— 토마스 만

20

20

20

20

20

1 2 3 4 5 6 7 8 9 10
11 12 13 14 15 16 17 18 19 20
21 22 23 24 25 26 27 28 29 30
31 JAN FEB MAR APR MAY JUN JUL AUG SEP OCT NOV DEC

20

20

20

20

20

오늘은 당신에게 남아 있는 날들의 첫 번째 날이다.

−애비 호프먼

20

20

20

20

20

1 2 3 4 5 6 7 8 9 10
11 12 13 14 15 16 17 18 19 20
21 22 23 24 25 26 27 28 29 30
31 JAN FEB MAR APR MAY JUN JUL AUG SEP OCT NOV DEC

20

20

20

20

20

인생은 자전거 타기와 같다.
균형을 잡으려면 움직여야 한다.

− 알베르트 아인슈타인

20

20

20

20

20

1 2 3 4 5 6 7 8 9 10
11 12 13 14 15 16 17 18 19 20
21 22 23 24 25 26 27 28 29 30
31 JAN FEB MAR APR MAY JUN JUL AUG SEP OCT NOV DEC

20

20

20

20

20

눈물은 사소한 것도 심각하게 만들지만,
웃음은 비참한 것도 사소하게 만든다.
− 루키우스 안나이우스 세네카

20

20

20

20

20

1 2 3 4 5 6 7 8 9 10
11 12 13 14 15 16 17 18 19 20
21 22 23 24 25 26 27 28 29 30
31 JAN FEB MAR APR MAY JUN JUL AUG SEP OCT NOV DEC

20

20

20

20

20

때때로 자신이 써온 가면을 너무 완벽하게 유지하다 보면
곧 그 가면이 진짜 모습이 되어버리기도 한다.

– 윌리엄 서머싯 몸

20

20

20

20

20

1 2 3 4 5 6 7 8 9 10
11 12 13 14 15 16 17 18 19 20
21 22 23 24 25 26 27 28 29 30
31 JAN FEB MAR APR MAY JUN JUL AUG SEP OCT NOV DEC

20

20

20

20

20

기차 안에 앉아 있을 것, 그 사실을 잊어버릴 것,
기차가 빠르게 내달리는 힘을 느낄 것,
아무 일도 하지 않고 목적지까지 실려 갈 것,
여행자가 될 것, 좀 더 자유롭게, 좀 더 다정하게.

− 프란츠 카프카

20

20

20

20

20

1 2 3 4 5 6 7 8 9 10
11 12 13 14 15 16 17 18 19 20
21 22 23 24 25 26 27 28 29 30
31 JAN FEB MAR APR MAY JUN JUL AUG SEP OCT NOV DEC

20

20

20

20

20

이제 헤어져야 된다니 슬프기 그지없지만
인생의 절반은 이별로 이루어져 있다.

−찰스 디킨스

.

20

20

20

20

20

1 2 3 4 5 6 7 8 9 10
11 12 13 14 15 16 17 18 19 20
21 22 23 24 25 26 27 28 29 30
31 JAN FEB MAR APR MAY JUN JUL AUG SEP OCT NOV DEC

20

20

20

20

20

나는 남은 날들을 연장하려고 발버둥 치며
그날들을 낭비하지 않을 것이다.
그저 나에게 주어진 시간을 제대로 쓸 것이다.

−잭 런던

20

20

20

20

20

1 2 3 4 5 6 7 8 9 10
11 12 13 14 15 16 17 18 19 20
21 22 23 24 25 26 27 28 29 30
31 JAN FEB MAR APR MAY JUN JUL AUG SEP OCT NOV DEC

20

20

20

20

20

언제 찾아올지 모를 황홀한 경험을 맞이할 수 있도록
언제나 영혼의 문을 살짝 열어둬야 한다.

—에밀리 디킨슨

20

20

20

20

20

1 2 3 4 5 6 7 8 9 10
11 12 13 14 15 16 17 18 19 20
21 22 23 24 25 26 27 28 29 30
31 JAN FEB MAR APR MAY JUN JUL AUG SEP OCT NOV DEC

20

20

20

20

20

세상을 움직이려면 먼저 나 자신부터 움직여야 한다.

−소크라테스

20

20

20

20

20

1 2 3 4 5 6 7 8 9 10
11 12 13 14 15 16 17 18 19 20
21 22 23 24 25 26 27 28 29 30
31 JAN FEB MAR APR MAY JUN JUL AUG SEP OCT NOV DEC

20

20

20

20

20

말을 타고 갈 수도, 차를 타고 갈 수도,
둘이서 혹은 셋이서 갈 수도 있다.
하지만 마지막 한 걸음은 오직 홀로 걸어야 하는 것.

– 헤르만 헤세

20

20

20

20

20

**1 2 3 4 5 6 7 8 9 10
11 12 13 14 15 16 17 18 19 20
21 22 23 24 25 26 27 28 29 30
31** JAN FEB MAR APR MAY JUN JUL AUG SEP OCT NOV DEC

20

20

20

20

20

언제가 되었건 바로 그때가
해야 할 일을 하기에 가장 적절한 때다.

−마틴 루서 킹 주니어

20

20

20

20

20

1 2 3 4 5 6 7 8 9 10
11 12 13 14 15 16 17 18 19 20
21 22 23 24 25 26 27 28 29 30
31 JAN FEB MAR APR MAY JUN JUL AUG SEP OCT NOV DEC

20

20

20

20

20

기회는 흔히 고생을 가장하고 있기 때문에
사람들은 대부분 알아보지 못한다.
— 앤 랜더스

20

20

20

20

20

1 2 3 4 5 6 7 8 9 10
11 12 13 14 15 16 17 18 19 20
21 22 23 24 25 26 27 28 29 30
31 JAN FEB MAR APR MAY JUN JUL AUG SEP OCT NOV DEC

20

20

20

20

20

지옥은 '너무 늦었어'라는 두 단어에 들어 있다.
　　　　　-잔 카를로 메노티

20

20

20

20

20

1 2 3 4 5 6 7 8 9 10
11 12 13 14 15 16 17 18 19 20
21 22 23 24 25 26 27 28 29 30
31 JAN FEB MAR APR MAY JUN JUL AUG SEP OCT NOV DEC

20

20

20

20

20

당신이 살아 있음으로 인해
조금 더 행복해지는 누군가가 있습니다.

- 랄프 왈도 에머슨

20

20

20

20

20

1 2 3 4 5 6 7 8 9 10
11 12 13 14 15 16 17 18 19 20
21 22 23 24 25 26 27 28 29 30
31 JAN FEB MAR APR MAY JUN JUL AUG SEP OCT NOV DEC

20

20

20

20

20

사랑이 종종 기적을 일으키지 않는다면
사람들은 사랑을 신성시하지 않을 것이다.

— 아베 프레보

20

20

20

20

20

1 2 3 4 5 6 7 8 9 10
11 12 13 14 15 16 17 18 19 20
21 22 23 24 25 26 27 28 29 30
31 JAN FEB MAR APR MAY JUN JUL AUG SEP OCT NOV DEC

20

20

20

20

20

사랑에 자존심이 개입하는 것은
상대보다 자기 자신을 더 사랑하기 때문이다.

– 윌리엄 서머싯 몸

20

20

20

20

20

1 2 3 4 5 6 7 8 9 10
11 12 13 14 15 16 17 18 19 20
21 22 23 24 25 26 27 28 29 30
31 JAN FEB MAR APR MAY JUN JUL AUG SEP OCT NOV DEC

20

20

20

20

20

좋은 동행은 대화로 알게 되고 침묵으로 형성된다.
- 요한 볼프강 폰 괴테

20

20

20

20

20

1 2 3 4 5 6 7 8 9 10
11 12 13 14 15 16 17 18 19 20
21 22 23 24 25 26 27 28 29 30
31 JAN FEB MAR APR MAY JUN JUL AUG SEP OCT NOV DEC

20

20

20

20

20

가장 나중에 약속하는 사람이 가장 충실하게 약속을 지킨다.

－장 자크 루소

20

20

20

20

20

1 2 3 4 5 6 7 8 9 10
11 12 13 14 15 16 17 18 19 20
21 22 23 24 25 26 27 28 29 30
31 JAN FEB MAR APR MAY JUN JUL AUG SEP OCT NOV DEC

20

20

20

20

20

불가능한 것을 하나하나 제외한 뒤에 남는 것이
아무리 어처구니없는 것일지라도 그것이 진실이다.

– 아서 코넌 도일

20

20

20

20

20

1	2	3	4	5	6	7	8	9	10
11	12	13	14	15	16	17	18	19	20
21	22	23	24	25	26	27	28	29	30

31 JAN FEB MAR APR MAY JUN JUL AUG SEP OCT NOV DEC

20

20

20

20

20

당신에게 가장 중요한 시간은 현재이고,
당신에게 가장 중요한 일은 지금 하는 일이며,
당신에게 가장 중요한 사람은 지금 만나는 사람이다.

– 레프 니콜라예비치 톨스토이

20

20

20

20

20

1 2 3 4 5 6 7 8 9 10
11 12 13 14 15 16 17 18 19 20
21 22 23 24 25 26 27 28 29 30
31 JAN FEB MAR APR MAY JUN JUL AUG SEP OCT NOV DEC

20

20

20

20

20

나는 천천히 걸어가는 사람이다. 그러나 뒤로는 가지 않는다.

－에이브러햄 링컨

20

20

20

20

20

1 2 3 4 5 6 7 8 9 10
11 12 13 14 15 16 17 18 19 20
21 22 23 24 25 26 27 28 29 30
31 JAN FEB MAR APR MAY JUN JUL AUG SEP OCT NOV DEC

20

20

20

20

신이 사람의 몸에서 가장 높은 곳에 얼굴을 둔 까닭은
가끔 고개를 들어 하늘을 보라는 뜻이다.

– 오비디우스

20

20

20

20

20

1	2	3	4	5	6	7	8	9	10
11	12	13	14	15	16	17	18	19	20
21	22	23	24	25	26	27	28	29	30

31 JAN FEB MAR APR MAY JUN JUL AUG SEP OCT NOV DEC

20

20

20

20

20

모든 것을 꿈꾸게 되면
삶의 모든 것을 더욱 아프게 앓아야 한다.

− 페르난두 페소아

20

20

20

20

20

1 2 3 4 5 6 7 8 9 10
11 12 13 14 15 16 17 18 19 20
21 22 23 24 25 26 27 28 29 30
31 JAN FEB MAR APR MAY JUN JUL AUG SEP OCT NOV DEC

20

20

20

20

20

사람들은 세상 모든 것을 알고 싶어 한다.
정말로 알 만한 가치가 있는 것들만 쏙 빼놓고.

— 오스카 와일드

20

20

20

20

20

1	2	3	4	5	6	7	8	9	10
11	12	13	14	15	16	17	18	19	20
21	22	23	24	25	26	27	28	29	30
31									

JAN FEB MAR APR MAY JUN JUL AUG SEP OCT NOV DEC

20

20

20

20

20

때로는 살아 있는 것조차 용기가 될 때도 있다.
-루키우스 안나이우스 세네카

20

20

20

20

20

1 2 3 4 5 6 7 8 9 10
11 12 13 14 15 16 17 18 19 20
21 22 23 24 25 26 27 28 29 30
31 JAN FEB MAR APR MAY JUN JUL AUG SEP OCT NOV DEC

20

20

20

20

20

마음의 문을 여는 손잡이는 마음 안쪽에만 달려 있다.
－게오르크 헤겔

20

20

20

20

20

1 2 3 4 5 6 7 8 9 10
11 12 13 14 15 16 17 18 19 20
21 22 23 24 25 26 27 28 29 30
31 JAN FEB MAR APR MAY JUN JUL AUG SEP OCT NOV DEC

20

20

20

20

20

남을 지나치게 믿으면 속을 때도 있을 것이다..
그러나 누구도 믿지 않는다면 날마다 고뇌 속에서 살게 될 것이다.

-프랭크 크레인

20

20

20

20

20

1 2 3 4 5 6 7 8 9 10
11 12 13 14 15 16 17 18 19 20
21 22 23 24 25 26 27 28 29 30
31 JAN FEB MAR APR MAY JUN JUL AUG SEP OCT NOV DEC

20

20

20

20

20

견디기 힘든 것일수록 아름다운 추억거리가 된다.
– 포르투갈 격언

20

20

20

20

20

1 2 3 4 5 6 7 8 9 10
11 12 13 14 15 16 17 18 19 20
21 22 23 24 25 26 27 28 29 30
31 JAN FEB MAR APR MAY JUN JUL AUG SEP OCT NOV DEC

20

20

20

20

20

실패는 실패가 아니라
성공하지 못하는 방법을 한 가지 더 찾아낸 것이다.

- 토머스 에디슨

20

20

20

20

20

1 2 3 4 5 6 7 8 9 10
11 12 13 14 15 16 17 18 19 20
21 22 23 24 25 26 27 28 29 30
31 JAN FEB MAR APR MAY JUN JUL AUG SEP OCT NOV DEC

20

20

20

20

20

세상이라는 것은 생각만큼 좋지도 않지만,
그렇다고 또 나쁘지도 않다.
−기 드 모파상

20

20

20

20

20

7

JULY

1 2 3 4 5 6 7 8 9 10
11 12 13 14 15 16 17 18 19 20
21 22 23 24 25 26 27 28 29 30
31 JAN FEB MAR APR MAY JUN JUL AUG SEP OCT NOV DEC

20

20

20

20

20

스스로를 존중하는 사람은 모든 사람의 존중을 받는다.
— 요한 볼프강 폰 괴테

20

20

20

20

20

1 2 3 4 5 6 7 8 9 10
11 12 13 14 15 16 17 18 19 20
21 22 23 24 25 26 27 28 29 30
31 JAN FEB MAR APR MAY JUN JUL AUG SEP OCT NOV DEC

20

20

20

20

20

간절히 원하는 일을 하기 시작하는 순간,
인생에서 '일'이라는 것은 더 이상 존재하지 않게 된다.

– 브라이언 트레이시

20

20

20

20

20

1 2 3 4 5 6 7 8 9 10
11 12 13 14 15 16 17 18 19 20
21 22 23 24 25 26 27 28 29 30
31 JAN FEB MAR APR MAY JUN JUL AUG SEP OCT NOV DEC

20

20

20

20

20

어리석은 사람은 멀리서 행복을 찾고,
현명한 사람은 자기 발치에서 행복을 키워간다.

– 제임스 오펜하임

20

20

20

20

20

1 2 3 4 5 6 7 8 9 10
11 12 13 14 15 16 17 18 19 20
21 22 23 24 25 26 27 28 29 30
31 JAN FEB MAR APR MAY JUN JUL AUG SEP OCT NOV DEC

20

20

20

20

20

신은 재능을 주시고, 노력은 그 재능을 천재로 만들어준다.
−안나 파블로바

20

20

20

20

20

1 2 3 4 5 6 7 8 9 10
11 12 13 14 15 16 17 18 19 20
21 22 23 24 25 26 27 28 29 30
31 JAN FEB MAR APR MAY JUN JUL AUG SEP OCT NOV DEC

20

20

20

20

20

연애가 아무리 시시하고 사소할지라도
친구들과 할 수 있는 일은 아니다.

– 조르조 바사니

20

20

20

20

20

1 2 3 4 5 6 7 8 9 10
11 12 13 14 15 16 17 18 19 20
21 22 23 24 25 26 27 28 29 30
31 JAN FEB MAR APR MAY JUN JUL AUG SEP OCT NOV DEC

20

20

20

20

20

가장 나다운 모습으로 살아갈 준비가 되었을 때
비로소 행복의 정점에 도달할 수 있다.

- 데시데리위스 에라스뮈스

20

20

20

20

20

1 2 3 4 5 6 7 8 9 10
11 12 13 14 15 16 17 18 19 20
21 22 23 24 25 26 27 28 29 30
31 JAN FEB MAR APR MAY JUN JUL AUG SEP OCT NOV DEC

20

20

20

20

20

나는 아무것도 원하지 않는다.
나는 아무것도 두려워하지 않는다. 나는 자유다.
– 니코스 카잔차키스

20

20

20

20

20

1 2 3 4 5 6 7 8 9 10
11 12 13 14 15 16 17 18 19 20
21 22 23 24 25 26 27 28 29 30
31 JAN FEB MAR APR MAY JUN JUL AUG SEP OCT NOV DEC

20

20

20

20

20

세상을 이해하려면 가끔은 세상을 외면해야 한다.
– 알베르 카뮈

20

20

20

20

20

1 2 3 4 5 6 7 8 9 10
11 12 13 14 15 16 17 18 19 20
21 22 23 24 25 26 27 28 29 30
31 JAN FEB MAR APR MAY JUN JUL AUG SEP OCT NOV DEC

20

20

20

20

20

진정 떠나고자 한다면 길이 당신을 이끌 것이다.

−『탈무드』

20

20

20

20

20

1 2 3 4 5 6 7 8 9 10
11 12 13 14 15 16 17 18 19 20
21 22 23 24 25 26 27 28 29 30
31 JAN FEB MAR APR MAY JUN JUL AUG SEP OCT NOV DEC

20

20

20

20

20

떠날 마음이 없는 배에는 순풍도 불어주지 않는다.
-루키우스 안나이우스 세네카

20

20

20

20

20

1 2 3 4 5 6 7 8 9 10
11 12 13 14 15 16 17 18 19 20
21 22 23 24 25 26 27 28 29 30
31 JAN FEB MAR APR MAY JUN JUL AUG SEP OCT NOV DEC

20

20

20

20

20

어디까지 가능한지 알아볼 수 있는 유일한 방법은
그것을 뛰어넘어 불가능과 마주하는 것이다.

– 아서 C. 클라크

20

20

20

20

20

**1 2 3 4 5 6 7 8 9 10
11 12 13 14 15 16 17 18 19 20
21 22 23 24 25 26 27 28 29 30
31** JAN FEB MAR APR MAY JUN JUL AUG SEP OCT NOV DEC

20

20

20

20

20

운명은 우리를 행복하게 해주지도,
불행하게 만들지도 않는다.
다만 그 재료와 씨앗을 제공할 뿐이다.
—미셸 에켐 드 몽테뉴

20

20

20

20

20

1 2 3 4 5 6 7 8 9 10
11 12 13 14 15 16 17 18 19 20
21 22 23 24 25 26 27 28 29 30
31 JAN FEB MAR APR MAY JUN JUL AUG SEP OCT NOV DEC

20

20

20

20

20

스스로 원하는 방식으로 살아온 사람에게는 두려움이 없다.

−스탠리 켈러먼

20

20

20

20

20

1 2 3 4 5 6 7 8 9 10
11 12 13 14 15 16 17 18 19 20
21 22 23 24 25 26 27 28 29 30
31 JAN FEB MAR APR MAY JUN JUL AUG SEP OCT NOV DEC

20

20

20

20

20

인생에서 성공하는 비결 중 하나는
좋아하는 음식을 먹고 힘내서 싸우는 것이다.

－마크 트웨인

20

20

20

20

20

1 2 3 4 5 6 7 8 9 10
11 12 13 14 15 16 17 18 19 20
21 22 23 24 25 26 27 28 29 30
31 JAN FEB MAR APR MAY JUN JUL AUG SEP OCT NOV DEC

20

20

20

20

20

가끔 스스로 깜짝 놀랄 만한 짓을 저질러보라.
인생이 재미있어진다.

– 오스카 와일드

20

20

20

20

20

1 2 3 4 5 6 7 8 9 10
11 12 13 14 15 16 17 18 19 20
21 22 23 24 25 26 27 28 29 30
31 JAN FEB MAR APR MAY JUN JUL AUG SEP OCT NOV DEC

20

20

20

20

20

삶이 대담한 모험이 아니라면 아무것도 아니다.

− 헬렌 켈러

20

20

20

20

20

1 2 3 4 5 6 7 8 9 10
11 12 13 14 15 16 17 18 19 20
21 22 23 24 25 26 27 28 29 30
31 JAN FEB MAR APR MAY JUN JUL AUG SEP OCT NOV DEC

20

20

20

20

20

반복되는 날은 단 하루도 없다. 똑같은 밤도,
한결같은 입맞춤도, 동일한 눈빛도 두 번은 없다.

― 비스와바 쉼보르스카

20

20

20

20

20

1 2 3 4 5 6 7 8 9 10
11 12 13 14 15 16 17 18 19 20
21 22 23 24 25 26 27 28 29 30
31 JAN FEB MAR APR MAY JUN JUL AUG SEP OCT NOV DEC

20

20

20

20

20

나는 과거를 생각하지 않는다.
중요한 것은 영원한 현재뿐이다.

－윌리엄 서머싯 몸

20

20

20

20

20

1 2 3 4 5 6 7 8 9 10
11 12 13 14 15 16 17 18 19 20
21 22 23 24 25 26 27 28 29 30
31 JAN FEB MAR APR MAY JUN JUL AUG SEP OCT NOV DEC

20

20

20

20

20

권태의 반대는 즐거움이 아니라 자극이다.

－버트런드 러셀

20

20

20

20

20

1 2 3 4 5 6 7 8 9 10
11 12 13 14 15 16 17 18 19 20
21 22 23 24 25 26 27 28 29 30
31 JAN FEB MAR APR MAY JUN JUL AUG SEP OCT NOV DEC

20

20

20

20

20

사랑하는 사람의 숙명적인 정체는 바로 기다리는 사람이다.

−롤랑 바르트

20

20

20

20

20

1 2 3 4 5 6 7 8 9 10
11 12 13 14 15 16 17 18 19 20
21 22 23 24 25 26 27 28 29 30
31 JAN FEB MAR APR MAY JUN JUL AUG SEP OCT NOV DEC

20

20

20

20

20

당신의 침묵을 이해하지 못하는 사람이라면
당신의 말도 이해하지 못할 것이다.

−엘버트 허버드

20

20

20

20

20

1 2 3 4 5 6 7 8 9 10
11 12 13 14 15 16 17 18 19 20
21 22 23 24 25 26 27 28 29 30
31 JAN FEB MAR APR MAY JUN JUL AUG SEP OCT NOV DEC

20

20

20

20

20

사람들은 대부분 비 오는 일요일 오후에
스스로 무엇을 해야 할지도 모르면서 영생을 갈망한다.

─수전 에르츠

20

20

20

20

20

1 2 3 4 5 6 7 8 9 10
11 12 13 14 15 16 17 18 19 20
21 22 23 24 25 26 27 28 29 30
31 JAN FEB MAR APR MAY JUN JUL AUG SEP OCT NOV DEC

20

20

20

20

20

삶은 가시투성이 장미처럼 모순으로 가득하다.

— 페르난두 페소아

20

20

20

20

20

1 2 3 4 5 6 7 8 9 10
11 12 13 14 15 16 17 18 19 20
21 22 23 24 25 26 27 28 29 30
31 JAN FEB MAR APR MAY JUN JUL AUG SEP OCT NOV DEC

20

20

20

20

20

시간과 겨룰 수 있는 유일한 방법은
시간 속에 뛰어들어 온전히 누리는 것이다.

– 루키우스 안나이우스 세네카

20

20

20

20

20

1 2 3 4 5 6 7 8 9 10
11 12 13 14 15 16 17 18 19 20
21 22 23 24 25 26 27 28 29 30
31 JAN FEB MAR APR MAY JUN JUL AUG SEP OCT NOV DEC

20

20

20

20

20

사랑한다는 것은 긴 시간에 걸쳐
인생의 깊숙한 내부에 도달하는 고독이다.

−마리아 라이너 릴케

20

20

20

20

20

1	2	3	4	5	6	7	8	9	10
11	12	13	14	15	16	17	18	19	20
21	22	23	24	25	26	27	28	29	30

31 JAN FEB MAR APR MAY JUN JUL AUG SEP OCT NOV DEC

20

20

20

20

20

세상에서 가장 강한 자는
홀로 서 있는 사람이다.

– 헨리크 입센

20

20

20

20

20

1 2 3 4 5 6 7 8 9 10
11 12 13 14 15 16 17 18 19 20
21 22 23 24 25 26 27 28 29 30
31 JAN FEB MAR APR MAY JUN JUL AUG SEP OCT NOV DEC

20

20

20

20

20

지금 밑바닥이라고 말할 수 있다는 것은
아직 진짜 밑바닥이 아니라는 뜻이다.

— 윌리엄 셰익스피어

20

20

20

20

20

1 2 3 4 5 6 7 8 9 10
11 12 13 14 15 16 17 18 19 20
21 22 23 24 25 26 27 28 29 30
31 JAN FEB MAR APR MAY JUN JUL AUG SEP OCT NOV DEC

20

20

20

20

20

잃을 것이 없는 자와 맞서 싸우는 것은 언제나 불리하다.

– 프란체스코 구이치아르디니

20

20

20

20

20

1 2 3 4 5 6 7 8 9 10
11 12 13 14 15 16 17 18 19 20
21 22 23 24 25 26 27 28 29 30
31 JAN FEB MAR APR MAY JUN JUL AUG SEP OCT NOV DEC

20

20

20

20

20

운명의 여신이 우리에게 거저 준다고 생각하지만
사실은 아주 비싸게 파는 것이다.

─장 드 라퐁텐

20

20

20

20

20

1 2 3 4 5 6 7 8 9 10
11 12 13 14 15 16 17 18 19 20
21 22 23 24 25 26 27 28 29 30
31 JAN FEB MAR APR MAY JUN JUL AUG SEP OCT NOV DEC

20

20

20

20

20

여행을 떠나는 것이 가슴 설레는 일이라면
여행에서 돌아오는 것은 황홀한 일이다.

−애거서 크리스티

20

20

20

20

20

1 2 3 4 5 6 7 8 9 10
11 12 13 14 15 16 17 18 19 20
21 22 23 24 25 26 27 28 29 30
31 JAN FEB MAR APR MAY JUN JUL AUG SEP OCT NOV DEC

20

20

20

20

20

제일 큰 별들이 너의 눈으로 나를 바라본다.

-파블로 네루다

20

20

20

20

20

8
AUGUST

1 2 3 4 5 6 7 8 9 10
11 12 13 14 15 16 17 18 19 20
21 22 23 24 25 26 27 28 29 30
31 JAN FEB MAR APR MAY JUN JUL AUG SEP OCT NOV DEC

20

20

20

20

20

아무도 해낸 적 없는 성취란
누구도 시도한 적 없는 방법으로만 가능하다.

–프랜시스 베이컨

20

20

20

20

20

1 2 3 4 5 6 7 8 9 10
11 12 13 14 15 16 17 18 19 20
21 22 23 24 25 26 27 28 29 30
31 JAN FEB MAR APR MAY JUN JUL AUG SEP OCT NOV DEC

20

20

20

20

20

먼저 필요한 일을 하라. 그다음에는 가능한 일을 하라.
그러면 어느 순간 불가능한 일을 할 수 있게 된다.

−성 프란체스코

20

20

20

20

20

1 2 3 4 5 6 7 8 9 10
11 12 13 14 15 16 17 18 19 20
21 22 23 24 25 26 27 28 29 30
31 JAN FEB MAR APR MAY JUN JUL AUG SEP OCT NOV DEC

20

20

20

20

20

세상은 모든 사람을 부러뜨리지만
많은 사람이 부러진 그곳에서 더욱 강해진다.

−어니스트 밀러 헤밍웨이

20

20

20

20

20

1 2 3 4 5 6 7 8 9 10
11 12 13 14 15 16 17 18 19 20
21 22 23 24 25 26 27 28 29 30
31 JAN FEB MAR APR MAY JUN JUL AUG SEP OCT NOV DEC

20

20

20

20

20

바보는 자기가 현명하다고 생각하지만
현자는 자신이 바보라는 것을 안다.
－윌리엄 셰익스피어

20

20

20

20

20

1 2 3 4 5 6 7 8 9 10
11 12 13 14 15 16 17 18 19 20
21 22 23 24 25 26 27 28 29 30
31 JAN FEB MAR APR MAY JUN JUL AUG SEP OCT NOV DEC

20

20

20

20

20

자기 견해를 바꾸지 않는 사람은
어리석은 자들과 죽은 자들뿐이다.

– 제임스 러셀 로웰

20

20

20

20

20

1 2 3 4 5 6 7 8 9 10
11 12 13 14 15 16 17 18 19 20
21 22 23 24 25 26 27 28 29 30
31 JAN FEB MAR APR MAY JUN JUL AUG SEP OCT NOV DEC

20

20

20

20

20

자존심은 빚지기를 싫어하고, 이기심은 갚기를 싫어한다.
– 프랑수아 드 라로슈푸코

20

20

20

20

20

1 2 3 4 5 6 7 8 9 10
11 12 13 14 15 16 17 18 19 20
21 22 23 24 25 26 27 28 29 30
31 JAN FEB MAR APR MAY JUN JUL AUG SEP OCT NOV DEC

20

20

20

20

20

결백한 자는 말이 어눌해도 달변가가 될 수 있다.

– 에우리피데스

20

20

20

20

20

1	2	3	4	5	6	7	8	9	10
11	12	13	14	15	16	17	18	19	20
21	22	23	24	25	26	27	28	29	30

31 JAN FEB MAR APR MAY JUN JUL AUG SEP OCT NOV DEC

20

20

20

20

20

사람은 믿어서 속기보다 믿지 않아 속을 때가 더 많다.
　　　　－ 장 프랑수아 폴 드 공디 레츠

20

20

20

20

20

1 2 3 4 5 6 7 8 9 10
11 12 13 14 15 16 17 18 19 20
21 22 23 24 25 26 27 28 29 30
31 JAN FEB MAR APR MAY JUN JUL AUG SEP OCT NOV DEC

20

20

20

20

20

지혜로운 사람은 살 수 있는 시간만큼이 아니라
살아야 할 시간만큼 산다.
−루키우스 안나이우스 세네카

20

20

20

20

20

1 2 3 4 5 6 7 8 9 10
11 12 13 14 15 16 17 18 19 20
21 22 23 24 25 26 27 28 29 30
31 JAN FEB MAR APR MAY JUN JUL AUG SEP OCT NOV DEC

20

20

20

20

20

모든 인간은 죽음에서 벗어나기를 갈망하지만
삶에서 벗어나는 방법도 모른다.

– 설혜

20

20

20

20

20

1 2 3 4 5 6 7 8 9 10
11 12 13 14 15 16 17 18 19 20
21 22 23 24 25 26 27 28 29 30
31 JAN FEB MAR APR MAY JUN JUL AUG SEP OCT NOV DEC

20

20

20

20

20

특정 지점을 넘어서면 더 이상 되돌아갈 수 없어진다.
그곳이 바로 도달해야 할 지점이다.

－프란츠 카프카

20

20

20

20

20

1 2 3 4 5 6 7 8 9 10
11 12 13 14 15 16 17 18 19 20
21 22 23 24 25 26 27 28 29 30
31 JAN FEB MAR APR MAY JUN JUL AUG SEP OCT NOV DEC

20

20

20

20

20

선한 마음을 지닌 것만으로는 충분하지 않다.
중요한 것은 그 마음을 잘 쓰는 것이다.

ー르네 데카르트

20

20

20

20

20

1 2 3 4 5 6 7 8 9 10
11 12 13 14 15 16 17 18 19 20
21 22 23 24 25 26 27 28 29 30
31 JAN FEB MAR APR MAY JUN JUL AUG SEP OCT NOV DEC

20

20

20

20

20

행복은 향수와 같아서 내 몸에도 몇 방울 뿌려야만
다른 이들까지 뒤덮을 수 있다.

－ 랄프 왈도 에머슨

20

20

20

20

20

1 2 3 4 5 6 7 8 9 10
11 12 13 14 15 16 17 18 19 20
21 22 23 24 25 26 27 28 29 30
31 JAN FEB MAR APR MAY JUN JUL AUG SEP OCT NOV DEC

20

20

20

20

20

어떤 말을 만 번 넘게 되풀이하면 언젠가 그 일이 이루어진다.

−인디언 격언

20

20

20

20

20

1 2 3 4 5 6 7 8 9 10
11 12 13 14 15 16 17 18 19 20
21 22 23 24 25 26 27 28 29 30
31 JAN FEB MAR APR MAY JUN JUL AUG SEP OCT NOV DEC

20

20

20

20

20

내가 하는 일이 무언가를 변화시킬 것처럼 행동하라.
실제로 변화가 일어날 것이다.

−윌리엄 제임스

20

20

20

20

20

1 2 3 4 5 6 7 8 9 10
11 12 13 14 15 16 17 18 19 20
21 22 23 24 25 26 27 28 29 30
31 JAN FEB MAR APR MAY JUN JUL AUG SEP OCT NOV DEC

20

20

20

20

20

삶이란 뒤돌아봐야 이해할 수 있지만 앞을 향해서 살아야 한다.

−쇠렌 오뷔에 키르케고르

20

20

20

20

20

1 2 3 4 5 6 7 8 9 10
11 12 13 14 15 16 17 18 19 20
21 22 23 24 25 26 27 28 29 30
31 JAN FEB MAR APR MAY JUN JUL AUG SEP OCT NOV DEC

20

20

20

20

20

그렇게 우리는 과거 속으로 끊임없이 밀려가면서도
흐름을 거스르며 배를 띄우고 파도를 가른다.

– 프랜시스 스콧 피츠제럴드

20

20

20

20

20

1 2 3 4 5 6 7 8 9 10
11 12 13 14 15 16 17 18 19 20
21 22 23 24 25 26 27 28 29 30
31 JAN FEB MAR APR MAY JUN JUL AUG SEP OCT NOV DEC

20

20

20

20

20

결점 없는 친구를 기대한다면 어떤 친구도 만들 수 없다.
－토머스 풀러

20

20

20

20

20

1 2 3 4 5 6 7 8 9 10
11 12 13 14 15 16 17 18 19 20
21 22 23 24 25 26 27 28 29 30
31 JAN FEB MAR APR MAY JUN JUL AUG SEP OCT NOV DEC

20

20

20

20

20

사람은 자신을 기다리게 하는 이의 결점을 셈하기 마련이다.
　　　　　　　　　　　　　－프랑스 격언

20

20

20

20

20

1 2 3 4 5 6 7 8 9 10
11 12 13 14 15 16 17 18 19 20
21 22 23 24 25 26 27 28 29 30
31 JAN FEB MAR APR MAY JUN JUL AUG SEP OCT NOV DEC

20

20

20

20

20

누군가의 비난에 화를 내는 것은
그 비난을 받을 만하다고 인정하는 것이다.
−푸블리우스 코르넬리우스 타키투스

20

20

20

20

20

1 2 3 4 5 6 7 8 9 10
11 12 13 14 15 16 17 18 19 20
21 22 23 24 25 26 27 28 29 30
31 JAN FEB MAR APR MAY JUN JUL AUG SEP OCT NOV DEC

20

20

20

20

20

누군가를 미워한다면 그 사람의 모습에 들어앉아 있는
우리 자신을 보고서 미워하는 것이다.

– 헤르만 헤세

20

20

20

20

20

1 2 3 4 5 6 7 8 9 10
11 12 13 14 15 16 17 18 19 20
21 22 23 24 25 26 27 28 29 30
31 JAN FEB MAR APR MAY JUN JUL AUG SEP OCT NOV DEC

20

20

20

20

20

사람에게는 결핍이 반드시 필요하다.
그래야만 무엇이 필요한지 알 수 있다.
　　　　　－루쉰

20

20

20

20

20

1 2 3 4 5 6 7 8 9 10
11 12 13 14 15 16 17 18 19 20
21 22 23 24 25 26 27 28 29 30
31 JAN FEB MAR APR MAY JUN JUL AUG SEP OCT NOV DEC

20

20

20

20

20

아무것도 변하지 않는다.
유일하게 달라지는 게 있다면 바로 우리일 것이다.

— 제롬 데이비드 샐린저

20

20

20

20

20

1 2 3 4 5 6 7 8 9 10
11 12 13 14 15 16 17 18 19 20
21 22 23 24 25 26 27 28 29 30
31 JAN FEB MAR APR MAY JUN JUL AUG SEP OCT NOV DEC

20

20

20

20

20

시간은 한없는 영겁과 같을 수도 있고,
한순간 찰나와 같을 수도 있다. 시간은 삶이며,
삶은 우리 마음속에 있기 때문이다.

−미하엘 엔데

20

20

20

20

20

1	2	3	4	5	6	7	8	9	10
11	12	13	14	15	16	17	18	19	20
21	22	23	24	25	26	27	28	29	30
31	JAN FEB MAR APR MAY JUN JUL AUG SEP OCT NOV DEC

20

20

20

20

20

아무것도 하지 않는 데에도 가치가 있다.

– 요한 볼프강 폰 괴테

20

20

20

20

20

1 2 3 4 5 6 7 8 9 10
11 12 13 14 15 16 17 18 19 20
21 22 23 24 25 26 27 28 29 30
31 JAN FEB MAR APR MAY JUN JUL AUG SEP OCT NOV DEC

20

20

20

20

20

지옥의 지붕은 내가 놓쳐버린 기회로 만들어진다.
- 포르투갈 격언

20

20

20

20

20

1 2 3 4 5 6 7 8 9 10
11 12 13 14 15 16 17 18 19 20
21 22 23 24 25 26 27 28 29 30
31 JAN FEB MAR APR MAY JUN JUL AUG SEP OCT NOV DEC

20

20

20

20

20

우리 내면에는 결코 가본 적 없는 곳들이 존재한다.
그곳을 찾는 방법은 끝까지 밀어붙이는 일뿐이다.
– 조이스 브라더스

20

20

20

20

20

1 2 3 4 5 6 7 8 9 10
11 12 13 14 15 16 17 18 19 20
21 22 23 24 25 26 27 28 29 30
31 JAN FEB MAR APR MAY JUN JUL AUG SEP OCT NOV DEC

20

20

20

20

20

나 자신과 나의 감정을 분명히 알수록
지금 이 순간을 더욱 사랑하게 된다.

− 바뤼흐 스피노자

20

20

20

20

20

1 2 3 4 5 6 7 8 9 10
11 12 13 14 15 16 17 18 19 20
21 22 23 24 25 26 27 28 29 30
31 JAN FEB MAR APR MAY JUN JUL AUG SEP OCT NOV DEC

20

20

20

20

20

인간이 지닌 최후의 자유는 각자 처한 상황에서
자기 길을 결정하기 위해 스스로의 태도를 선택하는 것이다.

– 빅토어 에밀 프랭클

20

20

20

20

20

1 2 3 4 5 6 7 8 9 10
11 12 13 14 15 16 17 18 19 20
21 22 23 24 25 26 27 28 29 30
31 JAN FEB MAR APR MAY JUN JUL AUG SEP OCT NOV DEC

20

20

20

20

20

유토피아는 지평선 너머에 있다.
두 걸음 다가가면 그만큼 멀어지고,
열 걸음 내디디면 더 멀리 달아난다.
무슨 소용이냐고? 유토피아는 우리를 걷게 하지.

−에두아르도 갈레아노

20

20

20

20

20

1	2	3	4	5	6	7	8	9	10
11	12	13	14	15	16	17	18	19	20
21	22	23	24	25	26	27	28	29	30

31 JAN FEB MAR APR MAY JUN JUL AUG SEP OCT NOV DEC

20

20

20

20

20

지나간 것은 지나갔으므로 지나간 것으로 내버려둬야 한다.

– 호메로스

20

20

20

20

20

9
SEPTEMBER

1	2	3	4	5	6	7	8	9	10
11	12	13	14	15	16	17	18	19	20
21	22	23	24	25	26	27	28	29	30

31 JAN FEB MAR APR MAY JUN JUL AUG SEP OCT NOV DEC

20

20

20

20

20

삶의 목적은 완전하게 태어나는 것이다.
살아간다는 것은 매 순간 태어나는 것이다.

-에리히 프롬

20

20

20

20

20

1 2 3 4 5 6 7 8 9 10
11 12 13 14 15 16 17 18 19 20
21 22 23 24 25 26 27 28 29 30
31 JAN FEB MAR APR MAY JUN JUL AUG SEP OCT NOV DEC

20

20

20

20

20

달을 향해 쏴라. 달을 놓치더라도
당신은 여전히 별들 사이에 있을 것이다.

—레스 브라운

20

20

20

20

20

1 2 3 4 5 6 7 8 9 10
11 12 13 14 15 16 17 18 19 20
21 22 23 24 25 26 27 28 29 30
31 JAN FEB MAR APR MAY JUN JUL AUG SEP OCT NOV DEC

20

20

20

20

20

하루하루 자신에게 무슨 일이 생길지는 아무도 알 수 없다.
다만 중요한 것은 마음을 활짝 열고
그 일을 받아들일 준비를 하는 것이다.

– 헨리 무어

20

20

20

20

20

1 2 3 4 5 6 7 8 9 10
11 12 13 14 15 16 17 18 19 20
21 22 23 24 25 26 27 28 29 30
31 JAN FEB MAR APR MAY JUN JUL AUG SEP OCT NOV DEC

20

20

20

20

20

시간은 부족하지 않다. 다만 낭비될 뿐.
　－루키우스 안나이우스 세네카

20

20

20

20

20

1 2 3 4 5 6 7 8 9 10
11 12 13 14 15 16 17 18 19 20
21 22 23 24 25 26 27 28 29 30
31 JAN FEB MAR APR MAY JUN JUL AUG SEP OCT NOV DEC

20

20

20

20

20

인간은 생각의 씨를 뿌려 행동을 수확하고,
행동의 씨를 뿌려 습관을 수확한다.
그리고 습관의 씨를 통해 성격을 만들고,
성격을 통해 운명을 수확한다.

– 스와미 시바난다

20

20

20

20

20

1	2	3	4	5	6	7	8	9	10
11	12	13	14	15	16	17	18	19	20
21	22	23	24	25	26	27	28	29	30

31 JAN FEB MAR APR MAY JUN JUL AUG SEP OCT NOV DEC

20

20

20

20

20

얻는 것보다 더 힘든 일은 버릴 줄 아는 것이다.
- 발타자르 그라시안

20

20

20

20

20

1 2 3 4 5 6 7 8 9 10
11 12 13 14 15 16 17 18 19 20
21 22 23 24 25 26 27 28 29 30
31 JAN FEB MAR APR MAY JUN JUL AUG SEP OCT NOV DEC

20

20

20

20

20

타인의 생각으로 가득한 머리에는 지식이 머물고,
자기 생각이 깃든 마음속에는 지혜가 머문다.

– 윌리엄 쿠퍼

20

20

20

20

20

1	2	3	4	5	6	7	8	9	10
11	12	13	14	15	16	17	18	19	20
21	22	23	24	25	26	27	28	29	30

31 JAN FEB MAR APR MAY JUN JUL AUG SEP OCT NOV DEC

20

20

20

20

20

오늘날 널리 증명된 것들도 한때는 상상에 지나지 않았다.

－윌리엄 블레이크

20

20

20

20

20

1 2 3 4 5 6 7 8 9 10
11 12 13 14 15 16 17 18 19 20
21 22 23 24 25 26 27 28 29 30
31 JAN FEB MAR APR MAY JUN JUL AUG SEP OCT NOV DEC

20

20

20

20

20

세상에는 세 종류의 사람이 있다.
보려는 사람, 보여줘야 보는 사람, 보여줘도 안 보는 사람.

– 레오나르도 다빈치

20

20

20

20

20

1 2 3 4 5 6 7 8 9 10
11 12 13 14 15 16 17 18 19 20
21 22 23 24 25 26 27 28 29 30
31 JAN FEB MAR APR MAY JUN JUL AUG SEP OCT NOV DEC

20

20

20

20

20

문을 계속 두드리면 결국 누군가 깨어나 문을 열어줄 것이다.

— 헨리 워즈워스 롱펠로

20

20

20

20

20

1 2 3 4 5 6 7 8 9 10
11 12 13 14 15 16 17 18 19 20
21 22 23 24 25 26 27 28 29 30
31 JAN FEB MAR APR MAY JUN JUL AUG SEP OCT NOV DEC

20

20

20

20

20

경험은 배우고자 하는 사람에게만 가르침을 준다.
— 올더스 헉슬리

20

20

20

20

20

1 2 3 4 5 6 7 8 9 10
11 12 13 14 15 16 17 18 19 20
21 22 23 24 25 26 27 28 29 30
31 JAN FEB MAR APR MAY JUN JUL AUG SEP OCT NOV DEC

20

20

20

20

20

건강한 사람은 자기 건강을 모른다.
아픈 사람만이 자기 건강을 안다.

– 토머스 칼라일

20

20

20

20

20

1 2 3 4 5 6 7 8 9 10
11 12 13 14 15 16 17 18 19 20
21 22 23 24 25 26 27 28 29 30
31 JAN FEB MAR APR MAY JUN JUL AUG SEP OCT NOV DEC

20

20

20

20

20

거대한 대양도 사실은 작은 물방울로 만들어진다.

−마더 테레사

20

20

20

20

20

1 2 3 4 5 6 7 8 9 10
11 12 13 14 15 16 17 18 19 20
21 22 23 24 25 26 27 28 29 30
31 JAN FEB MAR APR MAY JUN JUL AUG SEP OCT NOV DEC

20

20

20

20

20

아무것도 변하지 않을지라도 내가 변하면 모든 것이 변한다.

– 오노레 드 발자크

20

20

20

20

20

1 2 3 4 5 6 7 8 9 10
11 12 13 14 15 16 17 18 19 20
21 22 23 24 25 26 27 28 29 30
31 JAN FEB MAR APR MAY JUN JUL AUG SEP OCT NOV DEC

20

20

20

20

20

가능성은 필요성 가까이에 있다.
　　－피타고라스

20

20

20

20

20

1 2 3 4 5 6 7 8 9 10
11 12 13 14 15 16 17 18 19 20
21 22 23 24 25 26 27 28 29 30
31 JAN FEB MAR APR MAY JUN JUL AUG SEP OCT NOV DEC

20

20

20

20

20

느리게 가는 사람은 확실히 가고,
확실히 가는 사람은 멀리까지 간다.

− 이탈리아 격언

20

20

20

20

20

1 2 3 4 5 6 7 8 9 10
11 12 13 14 15 16 17 18 19 20
21 22 23 24 25 26 27 28 29 30
31 JAN FEB MAR APR MAY JUN JUL AUG SEP OCT NOV DEC

20

20

20

20

20

여행에서 가장 오래 걸리는 것은 문턱을 넘는 일이다.

— 마르쿠스 테렌티우스 바로

20

20

20

20

20

1 2 3 4 5 6 7 8 9 10
11 12 13 14 15 16 17 18 19 20
21 22 23 24 25 26 27 28 29 30
31 JAN FEB MAR APR MAY JUN JUL AUG SEP OCT NOV DEC

20

20

20

20

20

세상에 더 이상 새로운 것이 없어도
우리에게는 새로운 것이 필요하다.

− 장 드 라퐁텐

20

20

20

20

20

1 2 3 4 5 6 7 8 9 10
11 12 13 14 15 16 17 18 19 20
21 22 23 24 25 26 27 28 29 30

31 JAN FEB MAR APR MAY JUN JUL AUG SEP OCT NOV DEC

20

20

20

20

20

질문을 품고 사세요.
– 마리아 라이너 릴케

20

20

20

20

20

1 2 3 4 5 6 7 8 9 10
11 12 13 14 15 16 17 18 19 20
21 22 23 24 25 26 27 28 29 30
31 JAN FEB MAR APR MAY JUN JUL AUG SEP OCT NOV DEC

20

20

20

20

20

한 번도 불행해보지 않은 사람이야말로 가장 불행한 사람이다.
－루키우스 안나이우스 세네카

20

20

20

20

20

1 2 3 4 5 6 7 8 9 10
11 12 13 14 15 16 17 18 19 20
21 22 23 24 25 26 27 28 29 30
31 JAN FEB MAR APR MAY JUN JUL AUG SEP OCT NOV DEC

20

20

20

20

20

아무 일도 하지 않는 것,
그것이 가끔은 세상의 균형을 유지해준다.

− 로세르토 후아로스

20

20

20

20

20

1	2	3	4	5	6	7	8	9	10
11	12	13	14	15	16	17	18	19	20
21	22	23	24	25	26	27	28	29	30

31 JAN FEB MAR APR MAY JUN JUL AUG SEP OCT NOV DEC

20

20

20

20

20

한가하다는 것은 할 일이 없다는 뜻이 아니라
무엇이든 할 수 있는 여유가 생겼다는 의미다.

-플로이드 델

20

20

20

20

20

1	2	3	4	5	6	7	8	9	10
11	12	13	14	15	16	17	18	19	20
21	22	23	24	25	26	27	28	29	30

31 JAN FEB MAR APR MAY JUN JUL AUG SEP OCT NOV DEC

20

20

20

20

20

지나침이 어떤 것인지 모르면 충분함이 어떤 것인지도 알 수 없다.

－윌리엄 블레이크

20

20

20

20

20

1 2 3 4 5 6 7 8 9 10
11 12 13 14 15 16 17 18 19 20
21 22 23 24 25 26 27 28 29 30
31 JAN FEB MAR APR MAY JUN JUL AUG SEP OCT NOV DEC

20

20

20

20

20

기회란 결코 오지 않는다. 왜냐하면 이미 여기에 있으니까.

-안토니 드 멜로

20

20

20

20

20

1 2 3 4 5 6 7 8 9 10
11 12 13 14 15 16 17 18 19 20
21 22 23 24 25 26 27 28 29 30
31 JAN FEB MAR APR MAY JUN JUL AUG SEP OCT NOV DEC

20

20

20

20

20

아직 보지 못한 것을 믿는다면 결국 믿는 것을 보게 될 것이다.
- 성 아우구스티누스

20

20

20

20

20

1	2	3	4	5	6	7	8	9	10
11	12	13	14	15	16	17	18	19	20
21	22	23	24	25	26	27	28	29	30

31 JAN FEB MAR APR MAY JUN JUL AUG SEP OCT NOV DEC

20

20

20

20

20

삶은 우리 자신의 그림자처럼 우리를 추적한다.
자기 자신을 온전히 삶에 바칠 때
그때서야 삶은 우리를 추적하지 않는다.

– 페르난두 페소아

20

20

20

20

20

1	2	3	4	5	6	7	8	9	10
11	12	13	14	15	16	17	18	19	20
21	22	23	24	25	26	27	28	29	30

31   JAN FEB MAR APR MAY JUN JUL AUG SEP OCT NOV DEC

20

20

20

20

20

행복한 인생이란 대부분 조용한 인생이다.
－버트런드 러셀

20

20

20

20

20

1 2 3 4 5 6 7 8 9 10
11 12 13 14 15 16 17 18 19 20
21 22 23 24 25 26 27 28 29 30
31 JAN FEB MAR APR MAY JUN JUL AUG SEP OCT NOV DEC

20

20

20

20

20

두 사람 사이의 침묵이 편하게 느껴질 때
진정한 우정이 시작된다.

－데이브 타이슨 젠트리

20

20

20

20

20

1	2	3	4	5	6	7	8	9	10
11	12	13	14	15	16	17	18	19	20
21	22	23	24	25	26	27	28	29	30

31 JAN FEB MAR APR MAY JUN JUL AUG SEP OCT NOV DEC

20

20

20

20

20

원칙을 위해 투쟁하는 것보다 어려운 일은
원칙에 따라 생활하는 것이다.

– 알프레드 아들러

20

20

20

20

20

1 2 3 4 5 6 7 8 9 10
11 12 13 14 15 16 17 18 19 20
21 22 23 24 25 26 27 28 29 30
31 JAN FEB MAR APR MAY JUN JUL AUG SEP OCT NOV DEC

20

20

20

20

20

유머는 인생이 얼마나 끔찍한지를 한 발 물러서서
안전하게 바라보는 방법이다.

-커트 보니것

20

20

20

20

20

1 2 3 4 5 6 7 8 9 10
11 12 13 14 15 16 17 18 19 20
21 22 23 24 25 26 27 28 29 30
31 JAN FEB MAR APR MAY JUN JUL AUG SEP OCT NOV DEC

20

20

20

20

20

출발하기 위해 위대해질 필요는 없지만,
위대해지려면 출발부터 해야 한다.

- 레스 브라운

20

20

20

20

20

1 2 3 4 5 6 7 8 9 10
11 12 13 14 15 16 17 18 19 20
21 22 23 24 25 26 27 28 29 30
31 JAN FEB MAR APR MAY JUN JUL AUG SEP OCT NOV DEC

20

20

20

20

20

우리 모두 리얼리스트가 되자.
그러나 가슴에는 불가능한 꿈을 품자.

– 체 게바라

20

20

20

20

20

1 2 3 4 5 6 7 8 9 10
11 12 13 14 15 16 17 18 19 20
21 22 23 24 25 26 27 28 29 30
31 JAN FEB MAR APR MAY JUN JUL AUG SEP OCT NOV DEC

20

20

20

20

20

누군가 높이 올라갈수록
날지 못하는 사람들에게는 작아 보이는 법이다.

−프리드리히 빌헬름 니체

20

20

20

20

20

1	2	3	4	5	6	7	8	9	10
11	12	13	14	15	16	17	18	19	20
21	22	23	24	25	26	27	28	29	30

31 JAN FEB MAR APR MAY JUN JUL AUG SEP OCT NOV DEC

20

20

20

20

20

경험이란 인간에게 일어난 일을 의미하는 것이 아니다.
인간이 자신에게 일어나는 일을 가지고 무엇을 했는가이다.

−올더스 헉슬리

20

20

20

20

20

1 2 3 4 5 6 7 8 9 10
11 12 13 14 15 16 17 18 19 20
21 22 23 24 25 26 27 28 29 30
31 JAN FEB MAR APR MAY JUN JUL AUG SEP OCT NOV DEC

20

20

20

20

20

누군가를 조용하게 만들었다고 해서
그 사람을 변화시킨 것은 아니다.

−존 몰리

20

20

20

20

20

1 2 3 4 5 6 7 8 9 10
11 12 13 14 15 16 17 18 19 20
21 22 23 24 25 26 27 28 29 30
31 JAN FEB MAR APR MAY JUN JUL AUG SEP OCT NOV DEC

20

20

20

20

20

명랑해지는 첫 번째 비결은 명랑한 척 행동하는 것이다.
- 윌리엄 제임스

20

20

20

20

20

1 2 3 4 5 6 7 8 9 10
11 12 13 14 15 16 17 18 19 20
21 22 23 24 25 26 27 28 29 30
31 JAN FEB MAR APR MAY JUN JUL AUG SEP OCT NOV DEC

20

20

20

20

20

행복하려면 행복해야 할 이유가 있어야 하고,
행복해야 할 이유를 찾으면 저절로 행복해진다.

– 빅토어 에밀 프랭클

20

20

20

20

20

1 2 3 4 5 6 7 8 9 10
11 12 13 14 15 16 17 18 19 20
21 22 23 24 25 26 27 28 29 30
31 JAN FEB MAR APR MAY JUN JUL AUG SEP OCT NOV DEC

20

20

20

20

20

마음의 가시를 뽑아줄 수 있는 것은 친구의 손뿐이다.
- 클로드 아드리앵 엘베시우스

20

20

20

20

20

1 2 3 4 5 6 7 8 9 10
11 12 13 14 15 16 17 18 19 20
21 22 23 24 25 26 27 28 29 30
31 JAN FEB MAR APR MAY JUN JUL AUG SEP OCT NOV DEC

20

20

20

20

20

사랑하면 현명하기 어렵고, 현명하면 사랑하기 어렵다.

—푸블릴리우스 시루스

20

20

20

20

20

1 2 3 4 5 6 7 8 9 10
11 12 13 14 15 16 17 18 19 20
21 22 23 24 25 26 27 28 29 30
31 JAN FEB MAR APR MAY JUN JUL AUG SEP OCT NOV DEC

20

20

20

20

20

낮은 노동의 아버지이고, 밤은 사유의 어머니이다.

− 이탈리아 격언

20

20

20

20

20

1 2 3 4 5 6 7 8 9 10
11 12 13 14 15 16 17 18 19 20
21 22 23 24 25 26 27 28 29 30
31 JAN FEB MAR APR MAY JUN JUL AUG SEP OCT NOV DEC

20

20

20

20

20

가장 아름다운 인생을 좇는 순간에도
가장 아름다운 순간들이 모래알처럼 빠져나간다.

−루키우스 안나이우스 세네카

20

20

20

20

20

1 2 3 4 5 6 7 8 9 10
11 12 13 14 15 16 17 18 19 20
21 22 23 24 25 26 27 28 29 30
31 JAN FEB MAR APR MAY JUN JUL AUG SEP OCT NOV DEC

20

20

20

20

20

좋은 것과 나쁜 것을 함께 받아들이지 않으면
신이 내 삶을 위해 마련한 계획을 수행할 수 없다.

─ 아치볼드 하트

20

20

20

20

20

1 2 3 4 5 6 7 8 9 10
11 12 13 14 15 16 17 18 19 20
21 22 23 24 25 26 27 28 29 30
31 JAN FEB MAR APR MAY JUN JUL AUG SEP OCT NOV DEC

20

20

20

20

20

패를 돌리는 것은 운이지만,
게임을 하는 것은 인간이다.

– 아르투르 쇼펜하우어

20

20

20

20

20

1 2 3 4 5 6 7 8 9 10
11 12 13 14 15 16 17 18 19 20
21 22 23 24 25 26 27 28 29 30
31 JAN FEB MAR APR MAY JUN JUL AUG SEP OCT NOV DEC

20

20

20

20

20

가장 행복한 경험은 책을 읽는 것이다.
책 읽기보다 훨씬 더 행복한 경험은 읽은 책을 다시 읽는 것이다.
— 호르헤 루이스 보르헤스

20

20

20

20

20

1 2 3 4 5 6 7 8 9 10
11 12 13 14 15 16 17 18 19 20
21 22 23 24 25 26 27 28 29 30
31 JAN FEB MAR APR MAY JUN JUL AUG SEP OCT NOV DEC

20

20

20

20

20

적어도 몇 년 정도는 대충대충 살아갈 수 있다.
그러다가 어느 순간에 온 생애가 한꺼번에 들이닥친다.

– 오스카 와일드

20

20

20

20

20

1 2 3 4 5 6 7 8 9 10
11 12 13 14 15 16 17 18 19 20
21 22 23 24 25 26 27 28 29 30
31 JAN FEB MAR APR MAY JUN JUL AUG SEP OCT NOV DEC

20

20

20

20

20

불행이 도와주지 않았다면 행복은 오지 않았을 것이다.

－러시아 격언

20

20

20

20

20

1 2 3 4 5 6 7 8 9 10
11 12 13 14 15 16 17 18 19 20
21 22 23 24 25 26 27 28 29 30
31 JAN FEB MAR APR MAY JUN JUL AUG SEP OCT NOV DEC

20

20

20

20

20

단점 중에서 가장 나쁜 것은 자기 단점을 모른다는 것이다.
- 푸블릴리우스 시루스

20

20

20

20

20

1	2	3	4	5	6	7	8	9	10
11	12	13	14	15	16	17	18	19	20
21	22	23	24	25	26	27	28	29	30

31 JAN FEB MAR APR MAY JUN JUL AUG SEP OCT NOV DEC

20

20

20

20

20

인생은 위장의 메스꺼움으로 감지된다.
－페르난두 페소아

20

20

20

20

20

1 2 3 4 5 6 7 8 9 10
11 12 13 14 15 16 17 18 19 **20**
21 22 23 24 25 26 27 28 29 30
31 JAN FEB MAR APR MAY JUN JUL AUG SEP OCT NOV DEC

20

20

20

20

20

세상 사람들에게 당신은 한 사람에 불과하지만,
한 사람에게 당신은 세상 전체일 수도 있다.

−폴레트 미첼

20

20

20

20

20

1 2 3 4 5 6 7 8 9 10
11 12 13 14 15 16 17 18 19 20
21 22 23 24 25 26 27 28 29 30
31 JAN FEB MAR APR MAY JUN JUL AUG SEP OCT NOV DEC

20

20

20

20

20

좋은 책이란 우리에게 무엇을 주는 것이 아니라 앗아 가야 한다.
우리가 확신하는 어떤 것을.

– 알폰스 슈바이거르트

20

20

20

20

20

1 2 3 4 5 6 7 8 9 10
11 12 13 14 15 16 17 18 19 20
21 22 23 24 25 26 27 28 29 30
31 JAN FEB MAR APR MAY JUN JUL AUG SEP OCT NOV DEC

20

20

20

20

20

타인을 정복하는 사람은 강하지만
자기 자신을 정복하는 사람은 위대하다.

— 노자

20

20

20

20

20

1 2 3 4 5 6 7 8 9 10
11 12 13 14 15 16 17 18 19 20
21 22 23 24 25 26 27 28 29 30
31 JAN FEB MAR APR MAY JUN JUL AUG SEP OCT NOV DEC

20

20

20

20

20

"아무리 노력해도 당신을 잘 모르겠어요"라는 말은
"당신이 나를 어떻게 생각하는지 정말 모르겠어요"라는 뜻이다.

-롤랑 바르트

20

20

20

20

20

1 2 3 4 5 6 7 8 9 10
11 12 13 14 15 16 17 18 19 20
21 22 23 24 25 26 27 28 29 30
31 JAN FEB MAR APR MAY JUN JUL AUG SEP OCT NOV DEC

20

20

20

20

20

석양이 질 무렵 현관 앞에 앉아서 차를 마시며
개똥지빠귀의 고운 노래를 듣는다면
삶은 한결 즐거울 것이다.

－타샤 튜더

20

20

20

20

20

1 2 3 4 5 6 7 8 9 10
11 12 13 14 15 16 17 18 19 20
21 22 23 24 25 26 27 28 29 30
31 JAN FEB MAR APR MAY JUN JUL AUG SEP OCT NOV DEC

20

20

20

20

20

사랑 때문에 죽을 지경이라면 지나치게 사랑하는 것이다.

－질 드 누아에르

20

20

20

20

20

1 2 3 4 5 6 7 8 9 10
11 12 13 14 15 16 17 18 19 20
21 22 23 24 25 26 27 28 29 30
31 JAN FEB MAR APR MAY JUN JUL AUG SEP OCT NOV DEC

20

20

20

20

20

고통은 인간을 인간 이상이 아니라 인간 이하로 만든다.
우리는 자신의 고통이 아니라 남의 고통을 통하여 체념을 배운다.

– 윌리엄 서머싯 몸

20

20

20

20

20

1 2 3 4 5 6 7 8 9 10
11 12 13 14 15 16 17 18 19 20
21 22 23 24 25 26 27 28 29 30
31 JAN FEB MAR APR MAY JUN JUL AUG SEP OCT NOV DEC

20

20

20

20

20

모든 것은 그저 지나갈 뿐이다.
– 다자이 오사무

20

20

20

20

20

1 2 3 4 5 6 7 8 9 10
11 12 13 14 15 16 17 18 19 20
21 22 23 24 25 26 27 28 29 30
31 JAN FEB MAR APR MAY JUN JUL AUG SEP OCT NOV DEC

20

20

20

20

20

세상은 종종 범죄자를 용서해주지만
꿈꾸는 자에게는 늘 가혹하다.

- 오스카 와일드

20

20

20

20

20

1	2	3	4	5	6	7	8	9	10
11	12	13	14	15	16	17	18	19	20
21	22	23	24	25	26	27	28	29	30

31 JAN FEB MAR APR MAY JUN JUL AUG SEP OCT NOV DEC

20

20

20

20

20

마음이 공허하다는 것은 무언가를 찾고 있다는 뜻이다.

- 블레즈 파스칼

20

20

20

20

20

1 2 3 4 5 6 7 8 9 10
11 12 13 14 15 16 17 18 19 20
21 22 23 24 25 26 27 28 29 30
31 JAN FEB MAR APR MAY JUN JUL AUG SEP OCT NOV DEC

20

20

20

20

20

분노의 결과는 언제나 그 원인보다 훨씬 더 심각하다.
 —마르쿠스 아우렐리우스

20

20

20

20

20

1 2 3 4 5 6 7 8 9 10
11 12 13 14 15 16 17 18 19 20
21 22 23 24 25 26 27 28 29 30
31 JAN FEB MAR APR MAY JUN JUL AUG SEP OCT NOV DEC

20

20

20

20

20

내가 하는 말이 진실인지만 생각하지 말고,
상대가 그 진실을 견뎌낼 수 있는지도 함께 생각하라.

– 루키우스 안나이우스 세네카

20

20

20

20

20

1 2 3 4 5 6 7 8 9 10
11 12 13 14 15 16 17 18 19 20
21 22 23 24 25 26 27 28 29 30
31 JAN FEB MAR APR MAY JUN JUL AUG SEP OCT NOV DEC

20

20

20

20

20

인간은 패배하라고 만들어진 게 아니야.
인간은 파괴될 수는 있어도 패배할 수는 없어.

-어니스트 밀러 헤밍웨이

20

20

20

20

20

1 2 3 4 5 6 7 8 9 10
11 12 13 14 15 16 17 18 19 20
21 22 23 24 25 26 27 28 29 30
31 JAN FEB MAR APR MAY JUN JUL AUG SEP OCT NOV DEC

20

20

20

20

20

새벽이 언제 올지 모르니 일단 문이란 문은 다 열어보라.

−에밀리 디킨슨

20

20

20

20

20

1 2 3 4 5 6 7 8 9 10
11 12 13 14 15 16 17 18 19 20
21 22 23 24 25 26 27 28 29 30
31 JAN FEB MAR APR MAY JUN JUL AUG SEP OCT NOV DEC

20

20

20

20

20

당신이 무언가를 결심하는 순간 당신의 운명이 형성된다.

−앤서니 로빈스

20

20

20

20

20

1 2 3 4 5 6 7 8 9 10
11 12 13 14 15 16 17 18 19 20
21 22 23 24 25 26 27 28 29 30
31 JAN FEB MAR APR MAY JUN JUL AUG SEP OCT NOV DEC

20

20

20

20

20

위대한 사람들은 목적을 지니고 나머지 사람들은 소원을 갖는다.
　　　　　　　　　　　－워싱턴 어빙

20

20

20

20

20

1 2 3 4 5 6 7 8 9 10
11 12 13 14 15 16 17 18 19 20
21 22 23 24 25 26 27 28 29 30
31 JAN FEB MAR APR MAY JUN JUL AUG SEP OCT NOV DEC

20

20

20

20

20

물을 바라보고 있는 것만으로는 바다를 건널 수 없다.

-라빈드라나트 타고르

20

20

20

20

20

1	2	3	4	5	6	7	8	9	10
11	12	13	14	15	16	17	18	19	20
21	22	23	24	25	26	27	28	29	30

31 JAN FEB MAR APR MAY JUN JUL AUG SEP OCT NOV DEC

20

20

20

20

20

본래 땅 위에는 길이 없다.
지나가는 사람이 많아지면 그게 곧 길이 된다.

－루쉰

20

20

20

20

20

1 2 3 4 5 6 7 8 9 10
11 12 13 14 15 16 17 18 19 20
21 22 23 24 25 26 27 28 29 30
31 JAN FEB MAR APR MAY JUN JUL AUG SEP OCT NOV DEC

20

20

20

20

20

잔잔한 바다는 결코 유능한 뱃사람을 만들 수 없다.
- 영국 격언

20

20

20

20

20

1 2 3 4 5 6 7 8 9 10
11 12 13 14 15 16 17 18 19 20
21 22 23 24 25 26 27 28 29 30
31 JAN FEB MAR APR MAY JUN JUL AUG SEP OCT NOV DEC

20

20

20

20

20

자기 자신을 응원하는 가장 좋은 방법은
다른 사람들에게 활력을 불어넣는 것이다.

−마크 트웨인

20

20

20

20

20

1 2 3 4 5 6 7 8 9 10
11 12 13 14 15 16 17 18 19 20
21 22 23 24 25 26 27 28 29 30
31 JAN FEB MAR APR MAY JUN JUL AUG SEP OCT NOV DEC

20

20

20

20

20

네 자리에 앉으면 너에게 일어나라고 하는 자는 없을 것이다.
　　　　－ 미겔 데 세르반테스 사아베드라

20

20

20

20

20

1 2 3 4 5 6 7 8 9 10
11 12 13 14 15 16 17 18 19 20
21 22 23 24 25 26 27 28 29 30
31 JAN FEB MAR APR MAY JUN JUL AUG SEP OCT NOV DEC

20

20

20

20

20

진실한 문장을 딱 한 줄만 찾으면 거기서부터 시작하여
글을 계속 써나갈 수 있다.

－어니스트 밀러 헤밍웨이

20

20

20

20

20

1 2 3 4 5 6 7 8 9 10
11 12 13 14 15 16 17 18 19 20
21 22 23 24 25 26 27 28 29 30
31 JAN FEB MAR APR MAY JUN JUL AUG SEP OCT NOV DEC

20

20

20

20

20

친구에게 비밀을 말할 때는 그 친구에게도
또 다른 친구가 있다는 사실을 명심하라.

─ 터키 격언

20

20

20

20

20

1 2 3 4 5 6 7 8 9 10
11 12 13 14 15 16 17 18 19 20
21 22 23 24 25 26 27 28 29 30
31 JAN FEB MAR APR MAY JUN JUL AUG SEP OCT NOV DEC

20

20

20

20

20

불필요한 것을 사면 필요한 것을 팔게 되는 법이다.
-벤저민 프랭클린

20

20

20

20

20

1 2 3 4 5 6 7 8 9 10
11 12 13 14 15 16 17 18 19 20
21 22 23 24 25 26 27 28 29 30
31 JAN FEB MAR APR MAY JUN JUL AUG SEP OCT NOV DEC

20

20

20

20

20

망할 놈의 돈 같으니라고.
돈이란 결국에는 언제나 사람을 우울하게 만든다.

− 제롬 데이비드 샐린저

20

20

20

20

20

1 2 3 4 5 6 7 8 9 10
11 12 13 14 15 16 17 18 19 20
21 22 23 24 25 26 27 28 29 30
31 JAN FEB MAR APR MAY JUN JUL AUG SEP OCT NOV DEC

20

20

20

20

20

고통이 뒤따르지 않는 사랑은 없다.
마음이 덧나지 않는 사랑은 없다.
울음으로 키워지지 않는 사랑은 없다.
행복한 사랑은 어디에도 없다.

－루이 아라공

20

20

20

20

20

1 2 3 4 5 6 7 8 9 10
11 12 13 14 15 16 17 18 19 20
21 22 23 24 25 26 27 28 29 30
31 JAN FEB MAR APR MAY JUN JUL AUG SEP OCT NOV DEC

20

20

20

20

20

어둠 속의 별 하나는 고립된 집 한 채를 의미한다.
별 하나가 꺼진다. 그것은 사랑에 대해 문을 닫은 집이다.

　　　　　- 앙투안 드 생텍쥐페리

20

20

20

20

20

1 2 3 4 5 6 7 8 9 10
11 12 13 14 15 16 17 18 19 20
21 22 23 24 25 26 27 28 29 30
31 JAN FEB MAR APR MAY JUN JUL AUG SEP OCT NOV DEC

20

20

20

20

20

그토록 얽매이라고 누구도 신신당부하지 않았는데
왜들 그렇게 사는지.

– 나쓰메 소세키

20

20

20

20

20

1 2 3 4 5 6 7 8 9 10
11 12 13 14 15 16 17 18 19 20
21 22 23 24 25 26 27 28 29 30
31 JAN FEB MAR APR MAY JUN JUL AUG SEP OCT NOV DEC

20

20

20

20

20

말을 많이 하는 자는 종종 침묵에 복종하게 된다.

－노자

20

20

20

20

20

1	2	3	4	5	6	7	8	9	10
11	12	13	14	15	16	17	18	19	20
21	22	23	24	25	26	27	28	29	30

31 JAN FEB MAR APR MAY JUN JUL AUG SEP OCT NOV DEC

20

20

20

20

20

나는 외롭고 싶지 않다. 하지만 나는 외로움이 필요하다.

—롤랑 바르트

20

20

20

20

20

1 2 3 4 5 6 7 8 9 10
11 12 13 14 15 16 17 18 19 20
21 22 23 24 25 26 27 28 29 30
31 JAN FEB MAR APR MAY JUN JUL AUG SEP OCT NOV DEC

20

20

20

20

20

매일매일 새로 태어나고
매일매일 새로운 것을 창조하는 일은 가능하다.

－시도니가브리엘 콜레트

20

20

20

20

20

1 2 3 4 5 6 7 8 9 10
11 12 13 14 15 16 17 18 19 20
21 22 23 24 25 26 27 28 29 30
31 JAN FEB MAR APR MAY JUN JUL AUG SEP OCT NOV DEC

20

20

20

20

20

도저히 일어설 수 없을 때 일어서는 사람이 챔피언이다.

−잭 뎀프시

20

20

20

20

20

1 2 3 4 5 6 7 8 9 10
11 12 13 14 15 16 17 18 19 20
21 22 23 24 25 26 27 28 29 30
31 JAN FEB MAR APR MAY JUN JUL AUG SEP OCT NOV DEC

20

20

20

20

20

진정 원하는 일을 위해 특별히 시간을 내지 않는다면
늘 해야 할 일이 넘치고 바쁠 것이다.

― 달라이 라마

20

20

20

20

20

1 2 3 4 5 6 7 8 9 10
11 12 13 14 15 16 17 18 19 20
21 22 23 24 25 26 27 28 29 30
31 JAN FEB MAR APR MAY JUN JUL AUG SEP OCT NOV DEC

20

20

20

20

20

승리는 습관이다. 유감스럽게도 패배 역시 그러하다.
- 빈스 롬바르디

20

20

20

20

20

1 2 3 4 5 6 7 8 9 10
11 12 13 14 15 16 17 18 19 20
21 22 23 24 25 26 27 28 29 30
31 JAN FEB MAR APR MAY JUN JUL AUG SEP OCT NOV DEC

20

20

20

20

20

햇빛도 초점을 맞추기 전까지는 무엇도 태우지 못한다.
  - 알렉산더 그레이엄 벨

20

20

20

20

20

1 2 3 4 5 6 7 8 9 10
11 12 13 14 15 16 17 18 19 20
21 22 23 24 25 26 27 28 29 30
31 JAN FEB MAR APR MAY JUN JUL AUG SEP OCT NOV DEC

20

20

20

20

20

동기는 우리를 출발하게 하고,
습관은 우리를 계속 나아가게 한다.

– 짐 라이언

20

20

20

20

20

1	2	3	4	5	6	7	8	9	10
11	12	13	14	15	16	17	18	19	20
21	22	23	24	25	26	27	28	29	30

31 JAN FEB MAR APR MAY JUN JUL AUG SEP OCT NOV DEC

20

20

20

20

20

당신은 존재하는 것들을 보며 '왜?' 하고 묻지만,
나는 결코 없었던 것을 꿈꾸며 '안 될 게 뭐야?'라고 묻는다.

– 조지 버나드 쇼

20

20

20

20

20

1 2 3 4 5 6 7 8 9 10
11 12 13 14 15 16 17 18 19 20
21 22 23 24 25 26 27 28 29 30
31 JAN FEB MAR APR MAY JUN JUL AUG SEP OCT NOV DEC

20

20

20

20

20

우리가 지금 여기에 이 모습으로 존재하는 것은
우리가 애초에 그렇게 상상했기 때문이다.

– 도널드 커티스

20

20

20

20

20

1 2 3 4 5 6 7 8 9 10
11 12 13 14 15 16 17 18 19 20
21 22 23 24 25 26 27 28 29 30
31 JAN FEB MAR APR MAY JUN JUL AUG SEP OCT NOV DEC

20

20

20

20

20

실수를 저지른 적이 없는 사람은
새로운 것을 시도해본 적이 없는 것이다.

– 알베르트 아인슈타인

20

20

20

20

20

1 2 3 4 5 6 7 8 9 10
11 12 13 14 15 16 17 18 19 20
21 22 23 24 25 26 27 28 29 30
31 JAN FEB MAR APR MAY JUN JUL AUG SEP OCT NOV DEC

20

20

20

20

20

가볍게 걷는 사람이 가장 멀리 간다.

-중국 속담

20

20

20

20

20

1 2 3 4 5 6 7 8 9 10
11 12 13 14 15 16 17 18 19 20
21 22 23 24 25 26 27 28 29 30
31 JAN FEB MAR APR MAY JUN JUL AUG SEP OCT NOV DEC

20

20

20

20

20

내가 지닌 것의 가치를 깨닫는 것이 행복이다.
— 헬렌 켈러

20

20

20

20

20

1 2 3 4 5 6 7 8 9 10
11 12 13 14 15 16 17 18 19 20
21 22 23 24 25 26 27 28 29 30
31 JAN FEB MAR APR MAY JUN JUL AUG SEP OCT NOV DEC

20

20

20

20

20

모든 인생은 결국 실패한다.
우리가 할 일은 무엇이든 시도하는 과정에서
충분히 즐기는 것이다.

−미겔 데 우나무노

20

20

20

20

20

1 2 3 4 5 6 7 8 9 10
11 12 13 14 15 16 17 18 19 20
21 22 23 24 25 26 27 28 29 30
31 JAN FEB MAR APR MAY JUN JUL AUG SEP OCT NOV DEC

20

20

20

20

20

보물이 묻힌 자리를 신이 알려주더라도
보물은 직접 캐내야 한다.

– 체코 격언

20

20

20

20

20

12
DECEMBER

2 3 4 5 6 7 8 9 10
11 12 13 14 15 16 17 18 19 20
21 22 23 24 25 26 27 28 29 30
31 JAN FEB MAR APR MAY JUN JUL AUG SEP OCT NOV DEC

20

20

20

20

'어떻게 시작했느냐'보다 중요한 것은 '어떻게 끝내느냐'이다.

－앤드루 매슈스

20

20

20

20

20

1 2 3 4 5 6 7 8 9 10
11 12 13 14 15 16 17 18 19 20
21 22 23 24 25 26 27 28 29 30
31 JAN FEB MAR APR MAY JUN JUL AUG SEP OCT NOV DEC

20

20

20

20

20

어디로 가야 할지 더 이상 알 수 없을 때
비로소 진정한 여행이 시작된다.

－나짐 히크메트

20

20

20

20

20

1 2 3 4 5 6 7 8 9 10
11 12 13 14 15 16 17 18 19 20
21 22 23 24 25 26 27 28 29 30
31 JAN FEB MAR APR MAY JUN JUL AUG SEP OCT NOV DEC

20

20

20

20

20

'가능'으로 만들기 위해 '불가능'을 두 번,
세 번 시도하는 것은 값진 일이다.

– 헤르만 헤세

20

20

20

20

20

1 2 3 4 5 6 7 8 9 10
11 12 13 14 15 16 17 18 19 20
21 22 23 24 25 26 27 28 29 30
31 JAN FEB MAR APR MAY JUN JUL AUG SEP OCT NOV DEC

20

20

20

20

20

지혜란 사소한 것을 깨닫는 기술이다.

－윌리엄 제임스

20

20

20

20

20

1   2   3   4   5   6   7   8   9   10
11 12 13 14 15 16 17 18 19 20
21 22 23 24 25 26 27 28 29 30
31 JAN FEB MAR APR MAY JUN JUL AUG SEP OCT NOV DEC

20

20

20

20

20

어려워서 못 하는 것이 아니라
시도하지 못해서 어려운 것이다.

− 루키우스 안나이우스 세네카

20

20

20

20

20

1 2 3 4 5 6 7 8 9 10
11 12 13 14 15 16 17 18 19 20
21 22 23 24 25 26 27 28 29 30
31 JAN FEB MAR APR MAY JUN JUL AUG SEP OCT NOV DEC

20

20

20

20

20

나는 사랑한다. 자기 영혼을 낭비하는 자를,
그리고 감사의 말을 들으려고도 하지 않는 자를.
그런 자는 언제나 주기만 할 뿐
자신을 지키려 하지 않기 때문이다.

– 프리드리히 빌헬름 니체

20

20

20

20

20

1 2 3 4 5 6 7 8 9 10
11 12 13 14 15 16 17 18 19 20
21 22 23 24 25 26 27 28 29 30
31 JAN FEB MAR APR MAY JUN JUL AUG SEP OCT NOV DEC

20

20

20

20

20

우리 뒤에 놓인 것과 우리 앞에 놓인 것은
우리 안에 간직한 것에 비하면 지극히 사소한 것들이다.

– 랄프 왈도 에머슨

20

20

20

20

20

1 2 3 4 5 6 7 8 9 10
11 12 13 14 15 16 17 18 19 20
21 22 23 24 25 26 27 28 29 30
31 JAN FEB MAR APR MAY JUN JUL AUG SEP OCT NOV DEC

20

20

20

20

20

우리 각자의 영혼은 그저 하나의 작은 조각에 불과해서
다른 사람들의 영혼과 합쳐져
하나가 되지 않으면 아무런 의미가 없다.

– 존 언스트 스타인벡

20

20

20

20

20

1 2 3 4 5 6 7 8 9 10
11 12 13 14 15 16 17 18 19 20
21 22 23 24 25 26 27 28 29 30
31 JAN FEB MAR APR MAY JUN JUL AUG SEP OCT NOV DEC

20

20

20

20

20

눈물은 마음에서 나올 때보다
눈에서 나올 때가 더 많다.

－러시아 격언

20

20

20

20

20

1 2 3 4 5 6 7 8 9 10
11 12 13 14 15 16 17 18 19 20
21 22 23 24 25 26 27 28 29 30
31 JAN FEB MAR APR MAY JUN JUL AUG SEP OCT NOV

너 자신이 되어라.
다른 누군가의 자리는 이미 가득 찼으니.

- 오스카 와일드

20

20

20

20

20

1	2	3	4	5	6	7	8	9	10
11	12	13	14	15	16	17	18	19	20
21	22	23	24	25	26	27	28	29	30

31 JAN FEB MAR APR MAY JUN JUL AUG SEP OCT NOV DEC

20

20

20

20

20

돈이 있다고 품위 있는 사람이 되는 것은 아니지만,
돈이 없는 사람이 품위 있게 사는 것도 어려운 일이다.

−버트런드 러셀

20

20

20

20

20

1	2	3	4	5	6	7	8	9	10
11	12	13	14	15	16	17	18	19	20
21	22	23	24	25	26	27	28	29	30

31 JAN FEB MAR APR MAY JUN JUL AUG SEP OCT NOV DEC

20

20

20

20

20

사랑은 사랑하는 사람을 실제보다 조금 더 월등한 존재로,
동시에 약간 더 열등한 존재로 만든다.

－윌리엄 서머싯 몸

20

20

20

20

20

1 2 3 4 5 6 7 8 9 10
11 12 13 14 15 16 17 18 19 20
21 22 23 24 25 26 27 28 29 30
31 JAN FEB MAR APR MAY JUN JUL AUG SEP OCT NOV DEC

20

20

20

20

20

다른 사람들을 평가한다면 그들을 사랑할 시간이 없다.

－마더 테레사

20

20

20

20

20

1 2 3 4 5 6 7 8 9 10
11 12 13 14 15 16 17 18 19 20
21 22 23 24 25 26 27 28 29 30
31 JAN FEB MAR APR MAY JUN JUL AUG SEP OCT NOV DEC

20

20

20

20

20

그대,
오래 살게 되더라도 부디 늙지는 마시길.

– 알베르트 아인슈타인

20

20

20

20

20

1 2 3 4 5 6 7 8 9 10
11 12 13 14 15 16 17 18 19 20
21 22 23 24 25 26 27 28 29 30
31 JAN FEB MAR APR MAY JUN JUL AUG SEP OCT NOV DEC

20

20

20

20

20

사람이 80세로 태어나
18세를 향해 늙어간다면 인생은 무한히 행복하리라.

−마크 트웨인

20

20

20

20

20

1 2 3 4 5 6 7 8 9 10
11 12 13 14 15 16 **17 18 19 20**
21 22 23 24 25 26 27 28 29 30
31 JAN FEB MAR APR MAY JUN JUL AUG SEP OCT NOV DEC

20

20

20

20

20

때로는 할 수 없는 일을 발견하는 것이
할 수 있는 일을 발견하는 것보다 더 중요하다.

- 린위탕

20

20

20

20

20

1 2 3 4 5 6 7 8 9 10
11 12 13 14 15 16 17 18 19 20
21 22 23 24 25 26 27 28 29 30
31 JAN FEB MAR APR MAY JUN JUL AUG SEP OCT NOV DEC

20

20

20

20

20

인생은 감탄문과 의문문 중간에 선 망설임이다.
의혹은 마침표에 의해 종식된다.

– 페르난두 페소아

20

20

20

20

20

1 2 3 4 5 6 7 8 9 10
11 12 13 14 15 16 17 18 19 20
21 22 23 24 25 26 27 28 29 30
31 JAN FEB MAR APR MAY JUN JUL AUG SEP OCT NOV

멋진 인생을 살기 위해
반드시 완벽한 인생을 추구할 필요는 없다.

- 아네트 푸니셀로

1 2 3 4 5 6 7 8 9 10
11 12 13 14 15 16 17 18 19 20
21 22 23 24 25 26 27 28 29 30
31 JAN FEB MAR APR MAY JUN JUL AUG SEP OCT NOV DEC

20

20

20

20

20

항복해야 할 때
절대 항복하지 않는 사람은 약한 사람이다.
– 장 프랑수아 폴 드 공디 레츠

20

20

20

20

20

1 2 3 4 5 6 7 8 9 10
11 12 13 14 15 16 17 18 19 20
21 22 23 24 25 26 27 28 29 30
31 JAN FEB MAR APR MAY JUN JUL AUG SEP OCT NOV DEC

20

20

20

20

20

인생이란 단편소설과 같다.
길이보다 가치가 더 중요하므로.

— 루키우스 안나이우스 세네카

20

20

20

20

20

1 2 3 4 5 6 7 8 9 10
11 12 13 14 15 16 17 18 19 20
21 22 23 24 25 26 27 28 29 30
31 JAN FEB MAR APR MAY JUN JUL AUG SEP OCT NOV DEC

20

20

20

20

20

누구나 인생을 얼마쯤 살면
완벽하게 행복하기란 불가능함을 깨닫지만
완벽한 불행도 있을 수 없다.

ㅡ프리모 레비

20

20

20

20

20

1 2 3 4 5 6 7 8 9 10
11 12 13 14 15 16 17 18 19 20
21 22 23 24 25 26 27 28 29 30
31 JAN FEB MAR APR MAY JUN JUL AUG SEP OCT NOV DEC

20

20

20

20

20

무엇보다 언어를 통해 사람을 파악할 수 있다.
말하라, 내가 그대를 볼 수 있도록.

– 벤 존슨

20

20

20

20

20

1 2 3 4 5 6 7 8 9 10
11 12 13 14 15 16 17 18 19 20
21 22 23 24 25 26 27 28 29 30
31 JAN FEB MAR APR MAY JUN JUL AUG SEP OCT NOV DEC

20

20

20

20

20

인간은 평등하다.
출생이 아니라 단지 미덕이 그 차이를 결정한다.
— 볼테르

20

20

20

20

20

1 2 3 4 5 6 7 8 9 10
11 12 13 14 15 16 17 18 19 20
21 22 23 24 25 26 27 28 29 30
31 JAN FEB MAR APR MAY JUN JUL AUG SEP OCT NOV DEC

20

20

20

20

20

술을 많이 마실 수는 있지만
아무리 마셔도 부족하다.

−고트홀트 레싱

20

20

20

20

20

1 2 3 4 5 6 7 8 9 10
11 12 13 14 15 16 17 18 19 20
21 22 23 24 25 26 27 28 29 30
31 JAN FEB MAR APR MAY JUN JUL AUG SEP OCT NOV DEC

20

20

20

20

20

그럼에도 나는 행복한 사람입니다.

−타샤 튜더

20

20

20

20

20

1 2 3 4 5 6 7 8 9 10
11 12 13 14 15 16 17 18 19 20
21 22 23 24 25 26 27 28 29 30
31 JAN FEB MAR APR MAY JUN JUL AUG SEP OCT NOV DEC

20

20

20

20

20

인간의 의무 중에서
행복해야 할 의무만큼 저평가된 의무는 없다.
— 로버트 루이스 스티븐슨

20

20

20

20

20

1 2 3 4 5 6 7 8 9 10
11 12 13 14 15 16 17 18 19 20
21 22 23 24 25 26 27 28 29 30
31 JAN FEB MAR APR MAY JUN JUL AUG SEP OCT NOV DEC

20

20

20

20

20

나는 오직 한 가지 자유만 알고 있는데
그것은 바로 정신의 자유이다.

－앙투안 드 생텍쥐페리

20

20

20

20

20

1 2 3 4 5 6 7 8 9 10
11 12 13 14 15 16 17 18 19 20
21 22 23 24 25 26 27 28 29 30
31 JAN FEB MAR APR MAY JUN JUL AUG SEP OCT NOV DEC

20

20

20

20

20

인생이란 그저 걸어 다니는 그림자일 뿐,
무대에 머무르는 동안에는 우쭐대고 걸으며 투덜거리지만
가련하게도 곧바로 잊히는 배우일 뿐이다.

– 윌리엄 셰익스피어

20

20

20

20

20

1 2 3 4 5 6 7 8 9 10
11 12 13 14 15 16 17 18 19 20
21 22 23 24 25 26 27 28 29 30
31 JAN FEB MAR APR MAY JUN JUL AUG SEP OCT NOV DEC

20

20

20

20

20

어린 시절이 지나가고,
젊은 시절이 지나가고, 인생의 황금기도 지나간다.

- 그레이스 페일리

20

20

20

20

20

1 2 3 4 5 6 7 8 9 10
11 12 13 14 15 16 17 18 19 20
21 22 23 24 25 26 27 28 29 30
31 JAN FEB MAR APR MAY JUN JUL AUG SEP OCT NOV DEC

20

20

20

20

20

체스가 끝나면
왕과 졸 모두 같은 통으로 들어간다.

– 이탈리아 격언

20

20

20

20

20

1 2 3 4 5 6 7 8 9 10
11 12 13 14 15 16 17 18 19 20
21 22 23 24 25 26 27 28 29 30
31 JAN FEB MAR APR MAY JUN JUL AUG SEP OCT NOV DEC

20

20

20

20

20

오늘은 결코 다시 오지 않으며,
태양도 두 번 다시 오늘처럼 빛나지 않는다.

- 헤르만 헤세

20

20

20

20

20

KI신서 8071

10 YEARS 10 LINES JOURNAL

하루 한 문장, 나의 10년 다이어리북

1판 1쇄 인쇄 2019년 3월 28일
1판 1쇄 발행 2019년 4월 19일

펴낸이 김영곤 박선영
펴낸곳 ㈜북이십일 21세기북스

콘텐츠개발4팀장 가정실
콘텐츠개발4팀 정지연 이아림 디자인 이성희

마케팅본부장 이은정
마케팅1팀 나은경 박화인 마케팅2팀 배상현 신혜진 김윤희
마케팅3팀 한충희 김수현 최명열 마케팅4팀 왕인정 김보희 정유진
홍보기획팀 이혜연 최수아 박혜림 문소라 전효은 염진아 김선아 양다솔
해외기획팀 임세은 이윤경 장수연 제작팀 이영민 권경민

출판등록 2000년 5월 6일 제406-2003-061호
주소 (10881) 경기도 파주시 회동길 201(문발동)
대표전화 031-955-2100 팩스 031-955-2151
이메일 book21@book21.co.kr

㈜북이십일 경계를 허무는 콘텐츠 리더

21세기북스 채널에서 도서 정보와 다양한 영상자료, 이벤트를 만나세요!
페이스북 facebook.com/jiinpill21 포스트 post.naver.com/21c_editors
인스타그램 instagram.com/jiinpill21 홈페이지 www.book21.com
서울대 가지 않아도 들을 수 있는 명강의! 〈서가명강〉
네이버 오디오클립, 팟빵, 팟캐스트에서 '서가명강'을 검색해보세요!

ISBN 978-89-509-8028-3 13190